うまくいかない人とうまくいかない職場

見方を変えれば仕事が180度変わる！

ものの見方が変わる中小企業診断士の魅力

三好 隆宏 著

まえがき

3年後、かなりうまく
いっているとしたら？

　これまでの自分を評価したとき、「うまくいっていない」と感じている人は少なくないと思います。筆者もそのひとりです。今、この本を手に取り、この箇所を読んでいる人は、その確率が高いでしょう。絶好調なら、この本を手に取る動機はないですものね。
　私たちは、漠然としたものであったとしても、自分の望ましい状態のイメージをもっています。有名になっているとか、金持ちになっていい生活しているとか、モテモテだとか、そういったレベル。そしてそれと現状を比較する。でも、たいていの場合、望ましい状態のイメージは具体性に欠けているので、何をどう努力すれば望ましい状態になるのかがわかりません。実現どころではなく近づく方法さえもよくわからない。だから結局何もしない。そうすると、不満足、低い自己評価、悲観的な気分、……ひどくなると無力感でいっぱいになる……。そうはなりたくないですよね。
　そこで、ちょっとちがうアプローチをしてみましょう。今から3年経過したと考えてください。今は3年後です。あなたはかなりうまくいっている状態です。仕事の面、プライベートな面、ともに相当いい状態です。相当いってどれくらいかって？　それは自分で決めてください。さて、そのかなりよい状態の今から、それまでの3年間を振り返ってみます。特にあなたが望む状態になるきっかけになった3年前に焦点をあてましょう。3年前（つまり、この本を読んでいる今）あなたが置かれている状況、起きていることの意味、体験してい

との意義について考えてみましょう。3年後にはうまくいっている前提で。そうすると「今にしても思えば、3年前のアレが成長のきっかけだったんだ」ということになります。今起きていることのすべてが機会となる可能性を持ちます。

　本書は、ものの見方に関する本です。「うまくいかないのは成長の機会である（機会にすることができる）」というものの見方を紹介するものです。
　まず、うまくいっていない職場、うまくいっていない人たちが登場します。見方を変えると、成長の機会が満載の職場、人たちです。そして、知識を活用し、ものの見方を変えることで、状況を変えることができるというお話をします。最後に、そういった知識や態度、ものの見方を身につけるひとつの方法を紹介します。
3年後のかなりうまくいっているあなたから見ると、3年前に読んだ本がきっかけになった。そうなってくれるとうれしいです。

2014年2月
三好隆宏

もくじ

まえがき
　3年後、かなりうまくいっているとしたら？　　2

本書に登場する人物について　　6

Part 1
うまくいかない職場、
うまくいかない人は何が足りないのか？

戦略
　戦略のことをよく知らないと……　　8
　競争について知らないと……　　14
　成長について知らないと……　　22

組織
　組織の作り方を知らないと……　　26
　成果主義の特徴を知らないと……　　32
　動機づけのしくみを知らないと……　　38
　離職率について知らないと……　　44

マーケティング
　顧客の視点から考えることを知らないと……　　50
　売り方をよく知らないと……　　56
　満足度とロイヤルティのちがいを知らないと……　　60
　従業員がマーケティングを知らないと……　　66

財務
　サンクコストを知らないと……　　70
　固定費と変動費の区別を知らないと……　　76
　削ってはいけないコストを知らないと……　　82

診断
　　コンサルティングの基本を知らないと……　　86
　　ヒアリングの仕方を知らないと……　　92
　　分析の仕方を知らないと……　　98

Part 2
"うまくいかない"は、成長するための機会

ものの見方が大切　　104
「うまくいかないのは成長の機会」というものの見方　　108
ものの見方が変わったら？　　114
コンサルタントはものの見方を変えさせるのが仕事　　126

Part 3
成長するための手段としての資格試験

ものの見方をどうやって身につけるか？　　150

本書に登場する人物について

本書は登場人物を覚えなくても、まったく気にせず読むことができますが、おおまかにでも関係をつかむと、もっと楽しく、もっと興味深く読むことができるでしょう。

ポコポコ社

経営コンサルティング会社として創業。現在の業務はソフトウェア開発が主で、社員数が100名を超える中規模の企業にまで成長している。

社長
ポコポコ社の創業者であり、現社長。友人と2人で起業したが、その友人はすでに社を去っている。典型的なワンマン社長。

営業部長
営業は足で稼ぎ、押しの強さが武器だと考える、よくも悪くも古いタイプの営業マン。

人事部長
穏やかだが、先を読むことが苦手で、事なかれ主義。社長の腰巾着と陰口をいわれている。

営業3人組
ポコポコ社営業部所属。後輩思いの先輩2人と、まだ新人の後輩1人の3人組。

開発部長
開発の能力は持っているが、気が弱く、人とのコミュニケーションも苦手なタイプ。

小前田 学
新米コンサルタント。小前田マネジメント研究所を立ち上げており、ポコポコ社をコンサルティングすることになった。不用意にしゃべってしまうクセがある。

小前田マネジメント研究所

Part 1

うまくいかない職場、
うまくいかない人は
何が足りないのか？

戦略
①

戦略のことをよく知らないと……

やめることを決めないと

STORY

〔社長と部長連中が集まっている会議〕

社　長：よし。というわけで、今後は「新製品ポコポコΣ（シグマ）を中核製品に育てる」を全社的な戦略とする。社運を賭けるつもりだ。みんなそれくらいの意気込みでたのむよ。

開発部長：わかりました、社長。開発部一丸となって取り組みます。

社　長：うむ。

営業部長：社長、ポコポコΣが完成するまでわれわれは既存製品の販売に全力を注ぎます。もちろん、その際、ポコポコΣの開発に役立ちそうなニーズをつかむ努力もしましょう。

社　長：うむ、そうだな。たのむぞ。では、みんなよろしく。はりきっていこう！

（会議が終わり、みんな退出。営業部長が開発部長のところへ行く）

営業部長：ところで、ポコポコZⅡの修正はどうなっているかな？　あれ急いでもらわないと困るんだ。お客に約束しちゃってるから。

開発部長：ポコポコZⅡ？　ああ、アレですか。いまやってますけど、大幅な修正になりそうなんですよね。でも、約束しているなら、優先度上げてやるように指示します。

営業部長：それと、ポコポコZアルファなんだけど、販売は来月だったよね。出荷は間に合うのかな？　テストがうまくいってないっていうウワサを聞いたんだけど。

開発部長：アルファですか。そうなんですよ。ちょっと不具合が出ています。ただし、原因は特定できています。なんとか出荷スケジュールに間に合うように優先度上げて人員を投入しますから、大丈夫です。

いったい何が起きているのか？

会議は威勢のよい印象を受けますが、どうでしょうか？ まずは状況を整理してみましょう。

ポコポコ社では新製品を開発するようですね。新たな中核製品として育てるという戦略のようです。社長は「社運を賭ける！」とまで力をこめて言い切っています。部長たちも特に反対はしていないようですね。

しかし、会議終了後の営業部長と開発部長の会話が気になりますね。

印象としては、以下のような内容でしょうか？

- 「ポコポコZⅡ」に「ポコポコZアルファ」？ ずいぶんいろんな製品出しているんだなぁ……
- 開発部門の作業は遅れているようだし、今後も遅れそうだ
- 開発部長は「いい人」かもしれないが、マネジメントとしてはイマイチの人のようだ
- 力関係的には、営業部長のほうが開発部長より上のようだ

会話の内容そのものは、どこの会社でもありそうなものですね。特に不自然なところはないように思えます。

とはいっても、「このままだと、少なくともポコポコZⅡか、ポコポコZアルファのどちらかは間に合わないだろう。きっと、開発部長は怒られることになるのだろうな」という雰囲気が感じられます。仮にそうなった場合（おそらくなるでしょうが）、取引先との約束も守れなくなってしまいます。これは困ったことですよね。

でも実際には、もっと大変なことが起きているんです。それがなんだかわかりますか？ 会議後の営業部長と開発部長の会話に、「新製品開発のこと」が一度も出てこないことです。気づきましたか？

社運を賭けるはずの、新製品開発はどうなってしまうのでしょう？

何が足りないのか？

新製品の開発以前に、ポコポコZⅡとポコポコZアルファの少なくともどちらかは間に合わないだろう、という予感は、どこからくるのでしょうか？　この点について考えてみましょう。

ポコポコZⅡとポコポコZアルファの少なくともどちらかは間に合わないのはなぜか？　それは開発部長の発言から予想できます。

> ポコポコZⅡ ➡ 優先度を上げる
> ポコポコZアルファ ➡ 優先度を上げる

両方の優先度を上げるなどということはできるのでしょうか？「どちらもがんばります！」というのと同じですね。結果的に優先度を上げることにはなりません。何かを優先するということは、それ以外には力を注がないということです。注ぐ力の総量を増やせない場合は、「それ以外」に注いでいる力を減らし、「それ」に振り向けることが必要です。

この状況で新製品開発を行うとどうなるでしょう？　既存製品関連の業務をやめないうえに、新製品開発業務が"加わる"ことになってしまいます。現実的に不可能ですよね。

察するに、現在の開発部門の状況は、まさにいっぱいいっぱいのようです。すでに遅れが出ているようですからね。大丈夫なわけがありません。しばらくして、社長が「ポコポコΣの開発はどうなっている？」と尋ねたら、開発部長はなんと答えるでしょう？　営業部長に答えたときと同じように「はい。若干遅れていますが、優先度を上げますので大丈夫です！」というような返答になるのでしょうか？　そうなりそうですね。

確かにポコポコ社のケースは、かなり極端なものです。ここまでひどいケースはないかもしれません。しかし、似たようなケースはよくあります。新たなことに着手するとき、「いまやっていることは、すべてストップしてよい」などと誰もいってくれませんから。既存のビジネスはやっぱり大事。すでに行っていることをやめるというのは大変なことです。

"全社的な戦略"は、企業全体がこれから向かう方向です。同時に複数の方向へは進めません。方向が定まらないと推進力は弱まり、スピードが出せません。高いハードルであれば、いつまでたっても飛び越えることができません。

戦略には少なくとも、「策定」と「実施」の2つのフェーズがあります。この2つのフェーズで、次のようなことが起こった場合、戦略はうまくいきません。

① 策定した戦略が適切ではなかったため、戦略どおり実施したがうまくいかなかった
② 策定した戦略は適切だったが、実施が不十分だったため、うまくいかなかった
③ 策定した戦略が適切ではなかったし、実施も不十分だったため、うまくいかなかった

このうち②と③は、戦略に関係なくうまくいきません。つまり、どれだけ手間暇かけた、すばらしい戦略であってもダメということです。
　実際のところ、戦略は実施してみないと適切かどうかはわからないものです。実施すれば、戦略が不適切であった場合でも、早い段階なら軌道修正することができます。しかし、実施が不十分（つまり、やることが中途半端）だと、戦略のよし悪しにかかわらず、うまくいかないということです。

具体的にはどのようなことか？ 主に次の2つです。

- リソース（資源）投入の問題
  ➡ 戦略実施に十分な資源（人や金）を投入しない ⇨ 戦略展開のスピードが出ない ⇨ 完了しない
- 方向性の問題
  ➡ これまでのことを続けたまま、新たなことをする ⇨ 策定した戦略とは異なる戦略になってしまう ⇨ 結果的に中途半端な戦略になる

　最悪のケースは、この両方が起きることです。先ほどのポコポコ社の例では、そうなりそうです。ポコポコΣに社運を賭けるといいながら、既存のポコポコZの機能追加や、他の製品の販売をやめる気配がありませんから。「みんな優先する＝どれもパッとしない」ことになってしまいます。

　「何を選ぶか＝何を選ばないか」です。「何かに注力する＝それ以外には注力しない」ということです。ポコポコ社には、以上のような知識がないか、あっても適用できていないといえます。

どうすればよいか？

　これまでの説明で「どうすればよいか？」は、だいたい予想がつくと思います。

　「これ」と決めたら、それに集中する。それ以外のことはやめる。いわゆる「選択と集中」というやつです。単純ですよね。

　しかし、単純だからといって簡単というわけではありません。すでに説明したようにこれまでやってきたことをやめたり、変えたりするのは大変ですから。今回のポコポコ社の場合であれば、ポコポコZⅡの機能追加や、ポコポコZアルファの開発をやめるということです。

　ヒト、モノ、カネという経営資源には限りがありますし、方向がかみ合わないことを続けたままでは目指す方向に進むことができませんから。

もうひとこと

　スリムになるためにスポーツクラブに週2回通うことにした。しかし、運動したあとには欠かさずビールをグビグビ飲み、好きなものをバクバク食べているので、ちっともやせない。そんな話をよく聞きますね。

　私たち個人も企業と同様「選択と集中」が求められるわけです。

　たとえば、次のリストのそれぞれの項目について、「やるべき」だと思うことに印をつけてみてください。

- ☐ 選挙では欠かさず投票に行く
- ☐ 人に親切にする
- ☐ 適度な運動を定期的に行う
- ☐ 日々の生活に感謝する
- ☐ 自分の能力を高めるための活動を行う

　どうですか？　では、今度は実際に行っていることに印をつけてみてください。「やるべき」ことの印と一致しますか？　しませんよね？　たいていしません。「やるべき」ことは無数にあります。だから、やるべきことをすべて行うなどということはできません。だったら「やるべきこと」など気にするのはやめましょう。そのかわり、実際にやっていること、やっていないことを重視しましょう。それがもし、中途半端になっていたら、やっていることのうち、やりたいことを邪魔していたり、やりたくないことはやめる。これが選択と集中です。

戦略
②

競争について知らないと……

競争すると似てくる？

STORY

〔営業部長が渋い顔をしている。そこへ社長がやってくる〕
社　　長：どうした？　浮かない顔して。宝くじでも当たったか？
営業部長：冗談を言ってる場合じゃないですよ、社長。ウチの今度の新製品あるじゃないですか？　知ってますよね？
社　　長：部長こそ冗談を言ってる場合じゃないぞ。新製品の開発指示を出したのは私だし、市場投入を待ちに待ってたんだから。
営業部長：そ、そうですね。失礼しました。
社　　長：それで？　新製品がどうかしたのか？　売れすぎて在庫がなくなっちゃったとか？
営業部長：さすが社長！　経営者だけあります。どこまでも前向きな考え方をしますね。でも、残念ながらそうではありません。ほぼその逆です。
社　　長：冗談を言ってる場合じゃないといったばかりじゃないか。
営業部長：じゃあ、倉庫に行ってみますか？
社　　長：わかった、わかった。でも、それが事実だとしたら、なぜそんなことになったんだ？　売れるはずだったんじゃないのか？　作りすぎたのか？
営業部長：それもあるかもしれませんが、ウチの製品とライバルであるペケペケ社の製品が似てるんです。
社　　長：なにぃ？　そんなわけないぞ。だって、新製品開発の企画段階でペケペケ社の製品の機能は徹底的に調査・分析したし、そのうえでペケペケ社の製品が持っていない機能を考えて、開発したんだから。十分に競争力のある製品じゃないのか？
営業部長：そうなんです。確かにちがっているんですが、顧客にはそのちがいがわからないようなんです。そうなるとペケペケ社のほうが知名度も実績もあるし、価格もウチより安いですから……。

いったい何が起きているのか？

　私たちの身の回りには似たような製品やサービスがあふれています。テレビなどの電化製品、歯ブラシなどドラッグストアで売っているモノ、それらを宣伝するホームページや電子メール。あるいは映画やテレビ番組、タレントのみなさん（これもある意味商品と考えることができます）、どれもよく似ていますよね？

　もちろん、時にはあっと驚くようなモノやサービスや人が出てくることがあります。画期的なモノが出てくることはありますが、これは大変まれです。

　ところで、どうして似たような製品やサービスであふれてしまうのでしょう？　少なくともポコポコ社の社長はそのような状況を望んではいないようです。画期的なモノを作れ！　とゲキを飛ばしていたようですから。
　似たような製品・サービスがあふれてしまう原因は、主に2つ考えられます。一つは企業（モノを作り、提供する）側が、一生懸命画期的なモノを作っているつもりなんだけれども、実際にそれを評価し購入する側（つまり、顧客）にちがいが伝わらず、似たようなモノに見えてしまっていること。もう一つは、作る側が先行しているモノやサービスをマネしていることです。
　今回のポコポコ社のケースはどちらなのでしょうか？　少なくともポコ

ポコ社の社長は、自社の製品を「画期的なモノ、競争力のあるモノ」だと考えています。しかし、顧客には「似たようなもんじゃん」と受け取られてしまったということでしょう。

では、ポコポコ社の開発担当者は「画期的なモノを作った」と考えているのでしょうか？　画期的な競争力のあるモノを作ろうとしたのでしょうか？　そもそも企画開発責任者は、どのようにして新製品の企画をしたのでしょうか？　責任者といっても会社員ですからね。社長が気に入らない仕事をすると評価は得られません。よほどのことがない限り、あえて社長の意図にそむくようなことはしたくないはずです。だとしたら……？

何が足りないのか？

では、私たちが開発を任されたとしましょう。社長からの指示は「画期的な競争力のあるモノを作れ！」だったとします。直接の指示はそれだけですが、本当にそれだけなのでしょうか？

まず、「画期的」ということについて考えてみましょう。「画期的」が以下の①②の２つの特徴を持つものだとすれば、おのずと競争力もあるということになります。

■画期的なモノ
① いままでにない、どこの企業も出していないモノ
② アッと驚くようなスゴイ価値を持っているモノ

①の条件だけでも、クリアするのは大変だと思います。どこも出していないモノを考え出さなければいけない。大変ですよね。

では仮に、私たちがアイデアあふれる創造性抜群のチームで、①が実現できたとしましょう。②はどうでしょうか？　アッと驚くまではできるかもしれませんが、スゴイ価値があると認めるのはお客のほうです。作る側が"アッと驚く"と考えて投入したものが、お客にとっては「なにこれ？」「イミわかんない」「どこがいいわけ？」となるかもしれません。あるいは認知もされず、興味を持ってもらうこともなしに終わるかもしれま

せん。そうなると、結果的には売れません。ひょっとしたら、価格を思いっきり下げて販売することで、多少は売れるかもしれません。しかしそれでは利益が出ません。そのようなモノを画期的と呼ぶでしょうか？ 社長はよくやった！ とほめてくれるでしょうか？「確かに画期的なモノだ！ 残念ながら売れなかったが画期的だ。ちょっと市場に出すタイミングが早すぎたのかもしれないな」などといってくれるでしょうか？

　もしもそういう社長であれば②の条件は関係なくなるので、多少ハードルは下がるかもしれませんが、それでも、やはり大変なことでしょう。

　企業の戦略を学習すると、競争戦略というのが出てきます。競争です。競争は勝つことが目標になります。競争は大変ですよ。当たり前ですが、勝者以外はすべて敗者ということになります。勝ち組、負け組なんていう表現もありますが、いまでは一部の勝者とほとんどが敗者、という感じになっています。場合によっては、一番の勝者（シェアナンバー１）なのに利益が出ない、なんてことすら発生しています。

　企業にとって競争は「望ましいことではない、できれば避けたい」ことでしょう。誰も戦う相手がいないなら、少々「ゆるい経営」をしていても十分に利益をあげ、存続することできますから。

　ではなぜ、競争するのか？　その理由の一つに「実は競争するほうが楽だから」ということがあります。競争しないということは、他社が追随できないようなモノを出し続けるということです。いつも新たな土俵を作る。他の企業がその土俵に乗ってきたときには、別の土俵に移っている（その新たな土俵も、もちろん自分で作る）、ということです。これは大変なことです。さきほどの①と②の両方の条件をクリアしなければいけませんし、それをずっと続けなければいけないということなのですから。

　それを回避するとなると、結果的には「すでにある土俵に乗る＝マネする」ことになります。先行してうまくいってるものやパターンを参考にする、多少変更する、付け加える、ということをします。

　今まで世の中になかった、まったく新しいモノが確かに売れる保証など誰ができるでしょう？　そう、誰にもできません。

　「ある程度の成功」でよいのなら、すでにある土俵（市場）で似たようなモノを出せば、ある程度は売れることが予想できます。その市場が大きければ、それなりの利益を一定期間もたらすことも期待できます。

画期的な製品であることに"市場での成功"という要件を持たせた場合、本当にその製品が画期的であるかどうかは、その製品を市場に投入したあとでないとわからない。これは困ったことです。企画開発する人たちにとっては特に。

　世の中、どんどん不確実さが増しています。しかも世の中の変化が速くて、モノのライフサイクルも短くなっています。開発に時間がかかれば売れるものも売れなくなるかもしれない。他社が先に市場に出してしまうかもしれない。仮に売り出しても、売れる期間がとても短いかもしれない……、と利益が出にくい状況になってきています。

　このように、企業にとって「画期的なモノ」を生み出すことは構造的に難しいのです。特に「競争」という考えを前面に出すと、画期的ではなく「似たようなもの」になってしまう可能性が高いことを、知っておくべきです。

どうすればよいか？

とてもユニークで、なおかつ売れるモノをあらかじめ企画して作ることは難しい。でも、似たようなモノにはしたくない……。環境に大きく左右され、不確実さが大きいなかで企業経営を続けていくのは、決して簡単なことではありません。この対処法はあるのか？　これといったものがあるわけではありませんが、一つの考えを紹介しておきましょう。それは「自然界に学ぶアプローチ」です。

たとえば、花はたくさんの種子をばらまきます。花は種子が飛んでいく先をコントロールすることはできません。天候によっても変動要素があるわけですが、そのうちの一定数は必ずどこかで生き残ります。そのイメージを応用します。

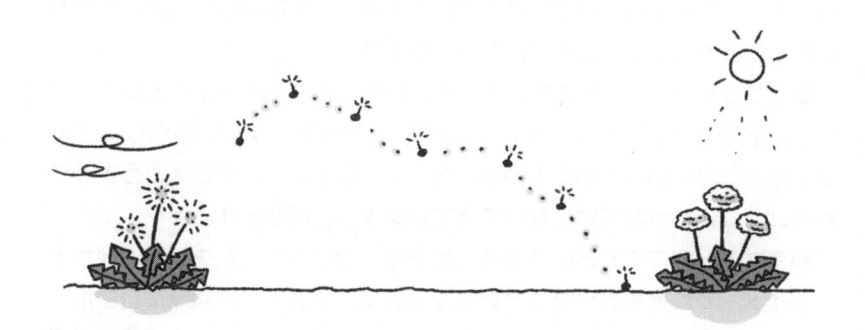

たとえば投資家であれば、一発必中ではなく、複数の投資先に投資し、そのうちの一つでもあたれば、全体としても儲かるというアプローチをとります。会社でも複数の事業を手掛けたり、同時に複数の新製品の開発を行ったり、というのもその一種と考えてよいでしょう。

もうひとこと

　あなたはＴＶを見ますか？　ＴＶ番組って、なんだかどれも似ていますね。ドラマも医者ものがヒットすれば他局も医者ものを作る。刑事ものがはやれば刑事もの。クイズが流行ればクイズ。番組内容だけではなく、深夜の枠で放映し、ある程度視聴率が獲得できたものをゴールデンタイムにもってくるといったパターンもマネしたりしているようです。

　ＴＶのプロデューサーは視聴率を気にします。当たり前ですが、数字（視聴率）が出ないとスポンサーがつかないですからね。画期的な番組を企画したとしても「そんな番組、誰が見るのかね？」「ちっともおもしろそうじゃないけど」「どうしてうまくいくといえるのかね？」と突っ込まれておしまい……ということになりかねません。ＴＶの仕事は10年に1本すごいモノ作ればよいというわけにはいきません。年間に何本も作るとなると、毎回画期的というわけにはいきません。才能がないとか、保守的になったとかそういうことではないでしょう。

　気をつけたいのは、私たち個人にも、同じことがあてはまるということです。競争すれば似てくるし、画期的なことはやりにくい状況なはずです。誰かうまくいっている人のマネをして、効率よく、そこそこうまくやれれば……という雰囲気になってきているように感じます。

　競争すると似てくるというのは、ピンとこないかもしれません。競争というイメージに最もピッタリの競技で考えてみましょう。競泳に自由形ってありますよね。少なくともオリンピックとか大きな試合に出場する選手の泳ぎ方は、みなクロールです。みな同じです。なぜなんでしょう？　文字どおり自由に泳いでよいはずなのに。それはこの競技がタイムだけで勝敗を決めるものだからです。もし、競泳がスキーのモーグルのように、タイムと泳ぎの美しさの合計点で競うということになれば、クロール以外の泳ぎ方を採用する選手が出てくるかもしれませんね。

Memo

戦略 ③

成長について知らないと……

大きくなればいいってもんじゃない

STORY

〔社長が全社員の前で……〕

社　　長：奇跡的に、うちの会社も20年。こんなに続くとは思っていなかった（ここは笑うところよ）。諸君のように有能な人材が集まってきてくれたことが唯一の理由だと思う。最初は友人と2人で始めたが、途中でその友人が去り、1人になった。しかし、そこからだんだん成長し、いまでは社員も100人を超えるところまできた。最近では顔と名前が一致しない社員がいるほどだ。おっと、これはもうろくしたって意味じゃないよ（ここも笑うところよ）。

　最近の世の中の状況は必ずしも良好じゃない。逆風という見方もあるが、私はそうは考えていない。『荒れ模様』なだけだ。平穏な天気も悪くないが、荒れ気味はおもしろい。荒れ気味のほうがウチのような会社が伸びるチャンスが出てくる。そう考えている。

　だから、みんなもそのつもりでいてほしい。今後もどんどん成長して1,000人を超える会社、グローバルに仕事する会社にしていこう！

（一同拍手）

人事部長：社長、ありがとうございました。

いったい何が起きているのか？

ポコポコ社の社長があいさつしていたようです。スピーチの内容はどうでしょう？　正直なところ、これといって珍しいことはないように思えますよね。

スピーチの中に「成長」という言葉が二度ほど（繰り返し）出てきます。気がつきましたか？

この「成長」を辞書でひいてみると、次のように定義されています。

> 【成長】　からだや心が育って、一人前の状態になる（近づく）こと。
> 　　　　日時の経過とともに高い段階に発展し長足の進歩を遂げる意にも用いられる。

このうちの、前者のほうの定義について考えてみましょう。

　　　　　　　からだ ➡ 大きくなる（量的な変化）
　　　　　　　心　　➡ 整う（質的な変化）

「からだと心」の成長は「量的な変化」と「質的な変化」と考えられます。わかりやすいのは、量的なほうでしょう。たとえば企業の場合、売上額、利益額、市場シェア、株価、企業価値、あるいは、事業所数……といったことが話題になりますね。これらはすべて量的なものです。ポコポコ社の社長が話題にした従業員数もそうです。あるいは国でも「まず、経済成長が大前提！」ということで、GDPや貿易額などが取り上げられます。これはこれで悪いことではないでしょう。

ただ、このような量的な成長は、ずーっと続くものなのでしょうか？　いつまでも、どこまでも量的に拡大していくことはよいことなのでしょうか？　必要なことなのでしょうか？　そもそも可能なのでしょうか？　どう考えますか？

何が足りないのか？

企業や国の成長のことを取り上げましたが、それらは私たちが作ったしくみです。自然界にもともと存在していたものではありません。では、自然界ではどうでしょうか？　たとえば私たち。

人間は生まれて、そこから成長していきます。からだはスクスク大きくなりますが、そのまま大きくなり続ける人はいませんね。途中で、からだの成長は止まります。もし、大きくなり続けたら、どうなるでしょう？　私たち人間以外の生き物を考えても、大きくなり続けるものはありません。必ず適正なところで止まります。

一方で、犬や猫、桜の木やタンポポ、ミミズなどが質的に成長するかどうかはわかりませんが、少なくとも私たち人間は、「人間的」に成長しつづけることが可能です。からだばかり大きくなっても人間的に成長していない大人は、一人前の人間とは見られませんからね。

企業や国はその私たちが作っているものです。そうだとしたら、企業や国にも量的な成長だけでなく、質的な成長もあるはずです。ポコポコ社の社長には、どうやらこのあたりの知識が足りないようです。

どうすればよいか？

企業の経営でいえば、「働きたい企業ランキング」といった評価がないわけではありませんし、世の中には社員数や会社の規模は変わらないけれど、環境変化に対応し、立派に存続している企業があることも事実です。そういった企業は、質的な成長をしているといってもよいでしょう。

これからの企業は量的な成長ではなく、質的な成長を重視する経営を目指すのがよいでしょう。

| 働きやすい | 世の中の役に立つ | 自分が成長できる |

もうひとこと

　筆者は50歳を超えていますが、「人間的に成熟した大人」という自覚はありません。それでもあきらめているわけではありませんよ。「毎日成長しよう（もちろん、体重を増やすといったことではなく）」を目標にしています。この本を書いているのは、そのための一つの手段です。

　本を出すことを具体的な目標として設定し、締め切りのある仕事をすることで、毎日、考え、整理し、それを文章にする作業が行いやすくなる。「考える」「整理する」「文章を作成する」ことが成長につながると考えています。

　企業が「売上世界ナンバー１になる」というわかりやすい目標を設定するのは、「それに向けて従業員が日々努力する場を作る＝成長する場を作る」ための手段である、と考えることもできます。つまり、質的に成長するために、量的な目標を手段として使うという考え方です。これはちょうど、一流アスリートが自分の限界を超え、自分を成長させるという目標のために、金メダルをとることを手段にするのと同じ考え方です（ロンドンオリンピックで競泳の北島選手のコメントが実にすがすがしく感じられたのは、このような考え方だったからだと思います）。

　金メダルをとるという結果だけを最終目標に、そこだけにこだわるアスリートを考えてみてください。金メダルがとれなかったとき、それまでの４年間をどう位置づければよいのか？　すべてムダだったのか？　毎日は苦しみの連続なのか？　４年間は試合の日のためだけに存在するのか？　おそらくそのようなアスリートが仮に金メダルをとったとしても、単に特定の競技の勝者であって、私たちの心を動かすことにはならないでしょう。

　企業を経営する人たち、そこで働く私たちも、アスリートと同じなのだと思います。

組織 ①

組織の作り方を知らないと……

うまくいくと分かれる？

STORY

〔創業当時のポコポコ社オフィスにて……〕

当時の社長：じゃあ、これからデカデカ社の話を聞きにいってくる。夜は、ピカピカ社の営業部長と飯食うことになってるから、今日はもどらないよ。

当時の仲間：あのさ、ちょっと待てよ！（明らかに怒っている様子）

当時の社長：なに？　急いでいるんだけど……。

当時の仲間：前から言おうと思ってたんだけど、オマエはいつから営業専門になったわけ？

当時の社長：ん？　なに言ってるの？

当時の仲間：オマエは、客のところへ行って、飲んだり食ったりして、ゴルフも行って、そんなことばっかりだろ？　残ったオレは、昨日だって徹夜だったし、提案書作ってばっかなんだよ！

当時の社長：なあんだ。そんなことでカリカリしてたのか。くだらん！　オマエもコンサルタントの端くれなら、営業の重要さはわかるだろうが！　遊びじゃねぇんだよ！　もう行くよ。

当時の仲間：そんなことだと？　わかったよ。ここから先はオマエ一人でやれよ。オレは出ていくからな。

いったい何が起きているのか？

　これはポコポコ社が創業したばかりのときの場面のようです。創業時はソフト開発ではなく、経営コンサルティング会社だったようですね。

　それはともかく、2人で一緒に会社を立ち上げたわけですから、もともとは仲がよかったはずです。でも、分裂してしまう。発展的なものであればよいのですが、どうやらそうではなさそうです。

　これは会社を作ったけれど誰にも見向きもされず、やむを得ず解散するということではなく、ある程度軌道に乗り始めたところで分裂するというパターンです。このパターンは、実は決して珍しいことではありません。筆者の知り合いでも同じようなケースがあります。

　ではどうしてこのようなことが起きるのか？　社長自身にもう少し話を聞いてみましょう。

STORY

営業部長：そういえば社長、うちの会社の創業時は、仲間と2人で始めた経営コンサルティング会社だったって話を聞きましたけど、本当なんですか？

社長：えっ？　ああ、そうだよ。

営業部長：その仲間って、社長と相性よかったんですか？

社長：最初の頃は仲良しだったんだよね。仕事がぜんぜん入ってこなかった頃ね。ヒマだから、事務所でずーっといろいろな話をして盛り上がっていたんだ。正確には覚えてないけど、2〜3ヵ月はそんな感じだったと思う。
　ところがある日、電話が鳴ってね。ちょうど相棒がトイレに行っていたので、自分が電話をとったんだ。以前、何かの会合で知り合いになった経営者に紹介されたという人物からだった。
　それで「お伺いして、さっそく詳しいお話を」ってことになった。そこからだ。

営業部長：そこからって？　それでケンカしたんですか？

社長：いや、そうじゃない。

営業部長：あ、わかった！　アレでしょ。バンドなんかでよくあるケース。「オマエとは音楽に対する考え方がちがう！」みたいなやつで

社　　長	：ちがうよ。
営業部長	：えっ？　ちがうんですか？
社　　長	：そこで役割が決まったというか、固定化してしまったということさ。オレが営業、相方がリサーチや提案書作成。それが、相方にとってはおもしろくなかったということだ。
営業部長	：それで、分裂？
社　　長	：まあな。もちろんしばらくしてのことだけどな。

しょ。売れ始めるとみんなワガママになりますからね。

さあ、みなさんはどう感じられましたか？

何が足りないのか？

　仕事量が増えてくると、効率を求めるようになりやすい。そうすると、ちょっとしたことで「役割」が発生します。それが続くとその役割の固定化が進みます。あらかじめ決めごとをしていなくてもそうなる場合が多いです（だからタチが悪い）。

　今回のケースでいえば、最初の電話に対応したのが社長だったため、社長が客先に出向きました。これが「営業的な役割」のスイッチが入った瞬間です。同時に、当時の残りの仲間が営業以外の業務を担当することになった瞬間でもあります。どうしてそうなるのか？

　たとえば、社長が出向いた客先に次回行くのはどちらでしょう？　当然

社長のほうです。一度客先に行って面識がありますからね。そうすると"外回り系"の雰囲気が出てきますので、次の営業的な活動は社長が行うのが自然です。そうやって、役割が固定化していく。

仕事が忙しくなってくると効率を求めます（ヒマなうちはそもそも仕事が少ないので効率を上げる必要がないですから）。営業は営業、製造は製造といった機能別の分担（これを機能別組織と呼びます）は、一般に処理効率が高くなります。しかし、その一方で、仕事はつまらなくなるケースが多い。特定の業務しかやらないわけですから。特にポコポコ社のケースのように、会社を辞めて起業した場合、一部の（しかも望んでいたわけではない）業務しか担当しなくなることには、抵抗があるでしょう。せっかく独立したのに、もとの会社員にもどってしまうようなものですから。

当時の社長とその仲間には、こういった知識がなかったのでしょう。受注が増え、経営がある程度軌道に乗ったらいろいろ考えよう、ということだったかもしれませんが……。

どうすればよいか？

仕事の分担と報酬のしくみについては、あらかじめ決めておくことが必要です。"あらかじめ"とは仕事が忙しくなる前ということです。忙しくなってからでは遅いのです。これはポコポコ社の例でわかりましたよね。はっきりさせない状態でスタートすれば、仕事が増えてきたところで、たいていの場合、機能別になっていきます。

実は機能別には、「仕事がつまらなくなりやすい」ことに加えて、もう一つ困ったところがあります。それは報酬の分け方が難しいことです。役割も作業量もちがいますからね。山分けがいちばん単純でよいのですが、多くの場合、自分の仕事はまわりの人（たち）よりも大変だと感じるものです。これもポコポコ社の例でわかりますよね。当時の社長も仲間も、ともに自分のほうが大変だと思っていたのは明らかです。

もしも「明朗会計」がよいというなら、「事業部制」組織にします。事業部制などというと大きな企業だけが使うものなのでは？　というイメージがあるかもしれません。でも、そんなことはありません。2人でも事業

部制は可能です。
　たとえば、創業当時のポコポコ社で、2人とも経営コンサルティングを行うということが前提であれば、次のような分け方があります。

- 顧客別：社長がサービス業、パートナーはサービス業以外
- 地域別：社長が東京23区内、パートナーはそれ以外
- サービス別：社長がシステム関連、パートナーはシステム関連以外

　どのような分け方にしろ、事業部制だと案件ごとに担当者がはっきりします。案件ごとに請求し、その売上は案件を担当した側の貢献とする。こうすれば仕事の負荷と報酬でもめるようなことはなくなります。

もうひとこと

　ポコポコ社の営業部長が言うように、「音楽の方向性がちがうから……」という理由で解散する音楽バンドってありますよね。バンドはボーカルやキーボード、ドラムといったように機能別になっています。やはり組織は機能別にすると分解しやすくなるのか？　そんなことはないですよね。バンドのほうは、得意だから担当するわけです。好きだから、やりたいからやるわけです。まあ、ドラムやっているけど本当は歌いたい！　というようなことはあるかもしれませんが。それに、担当する楽器によって練習量や負担はちがうでしょうけれど、好きな楽器を担当しているわけですからね。「ベースは楽でいいよな。その割にギャラがいっしょなのはおかしくないかい？」みたいなことは起きにくいでしょう。一つの曲を作り上げるのにはどのパートも欠かせないし、自分たちみんなで一つのものを作っているという感覚はあるでしょうし。

　そう考えると、企業もバンドと同じように、起業するときに「営業なら営業が好きでうまいやつ、企画提案を作るのが得意なやつ……」という具合に集めていって組織し、「ギャラは全員で山分け方式！」というのがいいのかもしれません。

　「効率よく音楽を演奏する」ことを重視するバンドなんてないでしょう。想像するのも難しいですが、仮にあったとすると、魅力的ではないですし、バンドのメンバーは楽しくなさそうです。そんなバンドは誰もが否定するでしょう。

　あなたの職場はどうですか？　魅力的ですか？　あなたを含めメンバーは楽しそうですか？

組織 ②

成果主義の特徴を知らないと……

アメは好き？　ムチも好き？

STORY

〔人事部長と社長が営業部の様子を見ている〕

社　　長：なんだか、みんなバタバタしてるな？

人事部長：そうですね。成果主義がどんなものなのかみんなようやく実感できたみたいですね。売上目標を達成できればよし。さらに部門内での売上がトップなら賞金が出ますからね。みんな必死ですよ。

社　　長：そうか。これは張り切っている姿なんだな。同僚とあいさつもしないなんて、なんかギスギスしているなぁとも思ったんだが、これは張り切ってたんだ。ハハハ。

人事部長：そうですよ。ハハハ……。

営業部の社員：どいてどいて！　じゃまなんだよ！

（社長も部長も突き飛ばされる）

いったい何が起きているのか？

「成果主義」という言葉が、よくも悪くもかなり話題になっていた時期があります。「どこの職場でもうまくいくというものではない」「単に導入するだけではうまくいかない」といった慎重論というか、必ずしも肯定的ではない論調が多かったように思います。確かに成果主義の運用には難しい面があります。

では、この「成果主義」を導入したポコポコ社で起きたことを考えてみましょう。この会社が導入した成果主義の詳細はわかりませんが、次のことはわかります。

- 少なくとも営業部は適用対象になっていること
- 部やチームではなく、個人の業績（売上）を成果の指標としていること
- 個々人の目標額の達成・未達成のほかに、職場での順位も成果として評価していること

おそらく、個人個人がもっと張り切るようにすることで、ポコポコ社全体の売上を増やすことをねらって導入したものなのでしょう。

営業担当者のうち、目標を達成している者はどの程度いるのか、会社全体の売上が成果主義導入前にくらべ増加しているのか、といったことはわかりません。でも雰囲気から察するに、あまりよい状況ではないようです。確かに勢いはあるようですけれども。社長を突き飛ばすくらいですから。では、この状況の何がいけないのでしょう？

何が足りないのか？

普通、大事なことは測定しようとします。たとえば太らないことが大事なら、毎日お風呂に入るときに体重を量る。お金が大事なら家計簿をつける（あるいは、毎日残高をチェックする）。一方で、大事ではないこと、どうでもよいことは測定しない、ということになりますね。

- 体重を量る ⇒ 体形の維持が大事！
- 残高を確認する ⇒ 貯蓄が大事！
- 個々人の売上で評価する ⇒ ？？？　何が大事なのか？

　会社が何かを測定・評価するということは、それが本当に大事かどうかは別にして、大事だというメッセージを発信することになります。ポコポコ社のように個人の売上で評価する制度を導入すると、「会社としては、個々人の売上を重視しています」と従業員のみなさんに発信することになります。その際に、その意図やねらいの説明が不十分だと、「チームワークは重視していません」「仕事の品質は重視していません」「あなたがどういう人かは気にしていません」＝「あなたの売上がすべてです」というメッセージも同時に発信することになってしまいます。

　営業職のように、売上というわかりやすい測定ができる場合であっても、成果主義が効果を上げるとは限りません。ポコポコ社の営業業務の進め方の詳細は不明ですが、ほかの営業担当者とまったく無関係に仕事をするということはないでしょう。先輩と後輩がいたら、後輩はなんらかのかたちで先輩から公式・非公式を問わず、情報提供やノウハウの伝授を受けるはずです。それが個人ごとに売上のみで評価されるとなると、先輩にとって後輩はただの競争相手になります。自分が教えたことで、後輩の売上が上がれば、自分にとってのマイナスになりかねません。また、後輩を指導することはなんら評価されませんので、そのインセンティブ（誘引）もありません。結果的に導入前に比べ会社全体の売上が低下する可能性もあります。まあ、その場合、目標未達成の営業担当者が増えますから、営業部門全体の人件費も下がるでしょうけど。このような知識が、ポコポコ社には欠けているようです。

どうすればよいか？

　一つの答えは、成果主義的な人事制度を一切導入しないというものです。

　成果主義とは、つまるところ「金銭や地位などをぶらさげると、私たちはそれ欲しさに張り切る」というモデルを前提としています。目の前にニンジンぶら下げれば馬は走る。一方で、成果が上がらなければ、処遇が悪くなるということもセットになっていますから、そういう点では「アメとムチ」のイメージです。

　これは「働くのは100％生活のため、カネを得るため」という人たちばかりの職場であれば機能するかもしれませんが、実際にはそういう職場は少ないでしょう。おそらくあなたもそういう人物ではないでしょう。

　確かに報酬は高いに越したことはないけれど、それだけってわけじゃない、という人のほうが多いのではないかと思います。筆者自身もそうです。「やりがい」や「使命感」「好き」「性に合う」「仲間と働くことができる」といったことを、「金銭」よりも重視するという人もいますよね。

　では、成果主義的な人事制度にしたい場合はどうするか？　たとえば、ポコポコ社の例で考えみましょう。

　経営陣としては、もっと営業部の成績（売上）を上げたい、と考えているとします。具体的には、営業部において、新人を早期に育成し戦力化を図る。担当者同士が協力すると同時に切磋琢磨する活気のある職場にする。営業成績ナンバー１の担当者はそれなりの待遇を受けるので、やめたりせず、部門全体としても底上げを実現する。そんなところでしょうか。これを人事制度の変更で実現したい。

　すでに説明したように「大事なことは測定・評価する」という原則に立てば、以上のことを測定・評価することになります。たとえば、部門全体の一体感を重視し、場合によっては人事部や開発部など全社的な一体感を重視するのであれば、会社全体の業績を全社員の賞与に反映させるといった手があります。ただ、それだけだと、トップセールスを筆頭に、抜きん出た成績を上げる人たちのテンションは下がり、やめていってしまう可能性もあります。優秀ですからね。ほかに移ってもやれるはず、という自信があるでしょうし、転職市場でウケはいいから、転職しやすい。そういった人たちをつなぎ止めるためには、個人の成績もある程度は加味できる制

度にする必要性が出てきます。たとえば、個人業績が30％、営業部全体の業績が30％、全社の目標（利益や業界のシェア）が40％といった具合に。

　あるいは、新人の教育・育成や職場のチームワークを重視するのであれば、個々人の業績ではなく、チーム単位での業績を測定・評価するという手もあります。

もうひとこと

　測定するものが不適切なために、望ましくないことが起きてしまう。それは、会社以外でも起きています。筆者は資格試験の講師をやっていますので、これまで資格試験を目指す多くの人たちに接してきました。

　受験者の間では「資格取得のためには1,500時間必要」とか、「月間100時間はコンスタントに勉強時間を確保した」といった"時間"が話題になることが少なくありません。また時間を目安にしたり、目標にしたり、とにかく測定するといったことはかなりポピュラーな手段になっています。そうするとどうなるか？　ここまで読んできたあなたならわかりますよね？　時間が重要になるということです。

　本来は学習することそのもの、あるいはそのプロセスや成果が大事なはずです。しかし、目標や結果としての時間、つまり「何時間勉強するか」、「何時間したか」が重視されますから、それ以外が重視されなくなってしまう。そうなると合格しにくくなっていきます。机の前に座って2時間勉強した。そのとき、勉強する前と後で何がどうちがっているのか？　気づいたこと、理解したこと、覚えたこと、できるようになったことは何か？　勉強方法は有効だったか？　集中できたか？　といったことはどうでもよいことになります。「2時間」という実績だけが残る。

　くれぐれも何を測定するか、何を基準に評価するか、に注意を払いましょう。

　そして、もう一つ。いまのところ、大事なものは測定困難であることが多いです。本当に重要なことは、少なくとも数値で測定することはできません。また、数値化されることが必ずしも望ましいことだとも思いません。

　「私のことどれくらい好き？」「約8.55ポイントかな。1ヵ月前と比べて2ポイント低下しているけど、かなりいい数値だよ」などという会話になったらぞっとしますからね。

　本当に大切なもの・ことは測定できないし、数値で表すこともできない。一方で売上、利益、売上シェア、業界の順位、個人の年収、財産といったものは測定可能です。ということは？

組織
③

動機づけのしくみを知らないと……

"内"と"外"があります

STORY

〔開発部のオフィスで…〕
開発部長：キミは本当に優秀だ。ウチの会社は、キミのような人材がいてくれるから、なんとか製品を出し続けることができていると思っているんだよ。
開発担当者：はあ……。（居心地悪そうにしている）
開発部長：本当に私も会社もキミのことを評価しているよ。
開発担当者：あ、はい……。ありがとうございます。
開発部長：うむ。そこでだ。キミには来期、開発チームのリーダーをやってもらおうと考えている。もちろん、給料も上がる。
開発担当者：へ？　あっ、いや、あのう……。
開発部長：いや、いや、遠慮しなくていい。キミの実力は私がよく知っているからね。
開発担当者：いえ……あの、そうではなくて……。
開発部長：わかるよ、突然の話だからね。でもこれは本当だ。だから、しっかりたのむよ。私の期待を裏切らないでくれ。いままで以上にやる気を出してがんばってほしい。
開発担当者：あ……はい。（浮かない表情のまま席を立つ）

いったい何が起きているのか？

　開発部の上司と部下のやりとりのようですね。上司は部下のことをかなり評価していて、来期の昇進・昇給を考えているようです。普通に考えれば悪い話ではないですが、それにしては、担当者の様子がおかしい。

　担当者のほうは、照れているわけでも、恐縮しているわけでもなく、どうやら本当にこの提案を望んでいないようです。そうだとすると、自分のことを評価してもらい、待遇をよくする提案を受けたことが、担当者にとっては好ましくないということになります。いったいどういうことでしょう？　わかりにくいですね。本人に話を聞いてみましょう。

> ── 部長の話のどこが気に入らないのですか？
> **開発担当者**：え？　あ、はい。あの、ボクはただソフトウェアをいじくっているのが好きなんです。まともに動かないものや、異常が発生したとき、その原因を探し出す。それが好きなんです。それだけなんです。開発そのものにはほとんど興味ないんです……。
>
> ── ポジションや給料が上がることはどうですか？
> **開発担当者**：いまのままがいいんです。もっとお金をくれるというのは悪くないですけど。ほかの人たちと仕事するのは苦手なんです。ましてチームリーダーだなんて、ありえませんよ！
>
> ── では、どうします？
> **開発担当者**：わかりません。自分の考えを上司とかにうまく伝えることができないですから。いまの仕事を続けられるのなら、命令に従わない分、多少給料を下げられてもかまいません。でも、もしどうしてもリーダーになれというのなら、この会社をやめるしかないです……。

　そういうことでしたか。上司やまわりの人たちに認められる、職場内でのポジションが上がる、給料が上がる……といったことがちっともうれしくない。なぜかというとそんなことは望んでいないから。そんなことのために仕事をしているのではないから。ということのようです。

確かに最近「出世や金持ちになるためにアクセクしたくない。フツウの生活で十分！」という若者が増えているという話を聞いたことがありますが、この担当者もそういったいまどきの若者なのでしょうか？
　それはともかく、プラスになると考えた昇給や昇進の提示が、逆にマイナスになってしまいそうです。いったい何がいけないのでしょうか？

何が足りないのか？

　動機づけには、2種類あるとされています。内発的なものと外発的なものです。外発的なもののほうはわかりやすいでしょう。お金のため、出世のため、他人に認められるために何かをするといったことです。
　一方で内発的なもののほうは、知りたい、わかりたい、といった興味や好奇心、できるようになりたい、自分の限界を超えたい、といった願望や情熱に突き動かされるタイプです。わかりますよね。あなたにも経験はあるはずです。少なくとも小さい頃はそうだったでしょう。ポコポコ社の部長は、外発的なもののほうしか知らないようです。あるいは、内発的な動機づけの存在は知っていても、それとは無関係に外発的な動機づけは有効だと考えているのかもしれません。いずれにしても、動機づけに関する知識が不足しています。

動機づけの種類
●外発的動機づけ……ほかの目的を達成するための動機づけ
　　　　　　　　例）賞罰、強制、義務
●内発的動機づけ……その行動そのものを起こすことに動機がある
　　　　　　　　例）興味　好奇心

　この担当者は、もっと報酬を得たいから仕事をしているわけではありません。まわりの人たちの承認や賞賛を得たいからでもありません。出世したいからでもありません。「プログラムを見て、まずいところを修正するのが好きだから」。極端にいえば、ただそれだけが仕事の動機なのです。そこへ、より高いポジションや給料を提示され、困惑しています。ひょっ

としたら、会社をやめてしまうかもしれません。誰もがみな、目の前にニンジンをぶら下げれば懸命に走るということではない、ということですね。

このケースとは異なりますが、外発的動機づけを行うことで、内発的動機づけを弱めてしまう場合もあります。「オレはカネのために仕事してるんじゃねぇ！」という人にお金をはずむ。結果、本人は尊厳を傷つけられ、やる気を失うといったパターンです。

たとえば、これは仕事ではないですが、あなたが善意から定期的に献血に協力しているとします。そこへ献血すると現金がもらえる制度が新たに導入されたとします。どうします？　これまでどおり献血しますか？　献血に対する気持ちに変化はないでしょうか？　まわりの見る目は変わるかもしれませんよ。献血が善意の行為から、お金をもらう手段になってしまったわけですから。

どうすればよいか？

会社には「いろいろな人がいる。そして、そのいろいろな人は、いろいろな動機で働いている」ことを念頭におくべきです。

「すべての従業員が、内発的なことで十分に動機づけされているのが理想的な状態」という考え方もあるでしょうけど、それは価値観の一つにすぎません。もちろん、「価値観が同じヤツだけを採用する」という方針もあるのでしょうが、いまは、組織に多様性（いろいろな考え方の人たちがいる状態）が求められる時代ですからね。ポコポコ社の開発担当者のような人や、「趣味が第一、仕事は趣味を楽しむためのお金を稼ぐ手段！」といった人もいることを前提にしたほうがいいでしょう。

そうすると、従業員一人ひとり個別に人事制度を設計・適用することが理想的ということになります。もちろん、その設計・選択は、本人が主体的に行う。世の中にはそのようなしくみを採用している企業も実際にあるようです。とはいっても、そこまではなかなか難しいですからね。とっかかりとしては、目標設定や評価・待遇について、複数のプランを企業側が示し、その中から従業員が選択するということでしょうか。

もうひとこと

　月曜の朝、「今日はモチベーションが低いから会社行くのはやめよう」という人は少ないはずです（いるかもしれないですが……）。普通ならめんどうであっても、「行かなければいけない」と思いますものね。仕事を失うことにでもなったら大変ですし、上司や同僚との関係がまずくなる、評価が下がってしまう－それはまずい－といったかなり打算的な理由で、「とりあえず今日も行くか」と考えた経験を持つ人も少なくないでしょう。それでいいのなら、それでいい。他人がとやかくいうことではありません。ある程度の生活を維持するためのお金を得るために労働力を売ると割り切っているのであれば、それでいいのです。しかし、その仕事に期待するものがほかにもあるということになると、事情がちがってきます。やりがいや充実感、充足感、達成感、重要感、といったものを（も）仕事に求める場合、少し話がややこしくなります。「この仕事でいいのか？　自分がやりたいことはこれなのか？……」なんて考えてしまいますからね。

　自分が仕事に求めているのは何か？　自分を動機づけているものは何か？　これが意外にはっきりしない。ということは、仮に企業の側から「あなたの好きな目標設定や評価・処遇の仕方を選んでください。さあ、どうぞ！」と提案されたとしても、困ってしまう従業員が少なくないということになります。

　これはなかなか難しいことです。でも、とても大事なことですからね。じっくり考える機会を持ちましょう。うまく整理できなければ、何度でも機会を持つようにしましょう。

Memo

組織 ④

離職率について知らないと……

補充すればいいってもんじゃない

STORY

〔人事部のオフィスにて……〕

(社長が人事部オフィスにやってくる)

人事部長：あっ、社長！ ちょうどよかった。困ったことになりました。営業部と開発部で、また退職者が出ますが、どうしましょう？
社　　長：またか。今度は何人だ？
人事部長：営業部は入社2年目が1人です。開発部は5年目と7年目が1人ずつです。
社　　長：営業のほうはいいとして、開発は困ったな。すぐに募集をかけよう。
人事部長：開発だけですか？ 営業も厳しいです。先月も1人やめて、欠員状態ですから。
社　　長：そうか。じゃあ、営業も募集しよう。
人事部長：わかりました。さっそくやります。世の中不景気なのは困ったものですけど、ウチみたいな会社でも、募集かけると応募者がすぐにワッと来るのはありがたいですよね。
社　　長：まったくだな。じゃあ、よろしくたのむ。
人事部長：了解しました。社長も面接をお願いすることになりますので、よろしくお願いします。

いったい何が起きているのか？

今回は何が起きているのでしょう。社員が3人やめることになったようです。ただ、人事部長が言うように、募集するとすぐに欠員が補充できるのであれば、それほどマズイ事態ではないということでしょうか？

社長の「またか。今度は何人だ？」というセリフが気になる？　確かにそうですね。毎月のように誰かがやめているような印象を受けます。そんなにどんどん従業員がやめていく会社は、どこかに問題があるんだろう……と。それはそうです。「ポコポコ社って、どんどん社員がやめていってるらしい」とか「入社してもすぐにやめちゃう人が少なくないらしい」といった評判が立てば、いくら採用しやすい状況だったとしても、思いどおりに人が補充できなくなる可能性もありますから。

しかし、それだけでしょうか？　もっとマズイことがあります。それは、人事部長と社長の会話には出てこないことに着目すると見えてきます。

何が足りないのか？

退職者が出ると、どのような影響が出るのでしょう？

- 営業 ⇒ 人数が減る ⇒ 売上が減る
- 開発 ⇒ 人数が減る ⇒ 開発期間が長くなる、開発できるものが減る

といったことが起きます。どの程度のダメージになるかは、退職した人の数はもちろん、その人が果たしてきた役割によってちがってきます。今回の例でいえば、開発部の2人は入社5年目と7年目ですからね。おそらく相当な戦力になっていたことでしょう。営業2年目の社員も、戦力になっていたと考えてよいでしょう。したがってかなりの影響が出そうです。

募集をかけ、即座に採用できたとしても、どうしたって影響は出ます。どんなにすばらしい人材が採用できたとしても、影響はゼロにはなりません。

たとえば、前職でポコポコ社の製品に近いソフトウェアの開発経験があ

る人を採用できたとしても、ポコポコ社の開発体制、業務の進め方・やり方、進行中の業務の概要や状況……といったものを把握するのには、ある程度の期間が必要になります。

さらに、これらのことを新たな従業員に説明をする人（トレーナー）も、指導のために相当な時間を割かれます。また、やめていく人は、やめる前に自分の業務を誰かに引き継ぎます。この引継ぎというのは、引継ぎを受ける人の業務を妨害します。というわけで、仕事を担当する人が入れ替わるということは、業務のパフォーマンスを低下させてしまいます。結果として、業務運営上よけいな（離職がなければ発生しない）手間がかかることになり、売上低下だけでなく、費用にも影響が出ます。もちろん、悪いほうのです。これがまずマズイことの一つ目です。

まだあるの？　はい、あります。それは、採用に関わる費用です。仮に人材会社や新聞などを使っての募集は行わないとします。募集は自社のホームページだけ。これなら、告知し、認知させるための費用はほとんどゼロといってよいでしょう。でも、費用は別のところでも発生します。では何にお金がかかるのか？

① 採用の事務手続き（書類選考、面接など）
② 教育・育成

この２つがけっこう大きな負担になります。

仮に100人の応募があったとします。そうするとまず、その履歴書、業務経歴書を整理し、スクリーニングするのに手間がかかります。そのうち半分の50人については人事が面接するとします。さらにその面接をクリアした10人については採用する部門の部長が面接をし、さらに社長による最終面接……ちょっと想像しただけで、ポコポコ社側の部長や社長の時間を相当使うことがわかりますよね。ポコポコ社で最も時間あたりの単価が高い人たちです。これは相当な費用です。

教育・育成については、すでに説明したとおり、業務体制や業務処理の説明も含まれます。業務が高度で専門性が高い、独自性が強い、といった特徴を持つ場合ほど、育成には期間が必要になり、費用もかかります。

以上のことを整理すると、

```
離職者が出る ─┬→ 売上低下 ─┐
              └→ 費用増加 ─┴→ 利益低下
```

となります。これは困ったものです。人事の問題ではなく経営そのものの問題です。さらに、既存の従業員の負担が増えます。利益が低下してきますから、職場環境や待遇も悪くなってきます。そうすると、さらなる離職者が出てきます。これは悪循環です。そして構造から明らかなように、「原因は離職者が出ること」ですから、それに対して何らかの手を打たないと、この問題は解決されないということがわかりますよね。しかし、どうでしょうか？ 人事部長と社長のやりとりは、その点についてまったく触れていませんでしたね。これはマズイ。

ではいったいどうすればよいのでしょう？

どうすればよいか？

まず、重要なことは、企業経営において離職率は極めて重要な指標であると認識することです。もちろん、単に測定すればよいというわけではなく、一人ひとりの離職に関して、その経緯や原因の調査（離職する本人からもヒアリング）を行うことが必要です。さらにその結果を分析し、対策を講じる。つまり、状況に対応するのではなく、状況そのものを改善するという視点を、持つ必要があるということですね。

たとえば、分析した結果「開発部門では社員間のコミュニケーションが希薄になり、一体感や帰属意識が薄れていることが一つの要因になっている」ということがわかったとします。そこで、個々人の作業場所をパーティションで仕切るのをやめ、大きなテーブルの好きな場所で作業できるようにしてみる。もちろん、実際に効果が出るかどうかはやってみなければわかりません。ただ、そういった取り組みを行うことで「会社は本気である」ということが従業員に伝わるだけでも、何らかの効果を上げられるでしょう。そうなってくれば、なにも離職対策ということではなく、普通に

働いているみなさんに「どうすれば、もっと気持ちよく働けるようになりますか？　教えてください」と問いかけることもできます。
　もし、このような取り組みを継続できると、事態を逆転することが可能です。つまり、悪循環を好循環に変えることができます（あるいは、最初から好循環を作り上げる）。

定着率高い ➡ 売上増加 ➡ 利益増 ➡ 職場環境や処遇の改善に費用をかけられる ➡ 定着率さらに向上

もうひとこと

　「離職」と「離婚」。どちらも繰り返す人が少なくないような印象があります。どちらもかなりエネルギーが必要というか、大変なことだと思うのですが、一度するとハードル下がるんでしょうかね？

Memo

マーケティング①

顧客の視点から考えることを知らないと……

「なんでもやります！」っていいことなの？

STORY

〔企画部のオフィスにて……〕

企画部長：社長、どうです？　これが新しいホームページです。来週からこれに切り替えます。

社　　長：どれどれ？　なんだかずいぶんにぎやかだな。

企画部長：そうでしょ？　パッと見てインパクトがあるようにしました。まず大事なのはインパクトですからね。

社　　長：そうかそうか。どれどれ。ん？　アプリケーション開発、システム導入、保守、クラウドサービス、ヘルプデスク代行、各種コンサルティング、従業員教育・研修……なんだかスゴイな。

企画部長：事業としてちょっとでもやっていること、やったことがあることはすべて載せてあります。とにかく「システム関連のことならなんでもできます！　なんでもやります！」ということを伝えて、幅広くお客を獲得できればと考えています。

社　　長：なるほどな。でも、これ、ちょっと情報を詰め込みすぎなんじゃないか。字が小さくて、よぉーく見ないとわからないぞ。

企画部長：そうなんですよね。ただ、これ以上大きくすると画面に入りきらなくなってしまいますし。どれも載せたい情報ですしね。

社　　長：そうか。苦労があるわけだな。よし。じゃあこれでいこう。

いったい何が起きているのか？

　ポコポコ社では、ホームページを一新するようですね。かなり盛りだくさんな内容になっているようです。

　企画部長は、「伝えたい情報をもれなく」という方針で編集しているようです。デザインとしては、パッと見のインパクトも気にしていますから、相当にぎやかな印象のようです。

　ホームページ（ウェブ）のデザインはともかく、ホームページで訴求しようとしている内容について考えてみましょう。

　新しいホームページでは、「システム関連のことならなんでもできます！　なんでもやります！」とアピールすることを狙っています。この狙いはどうなんでしょう？　確かにいろいろなニーズを持った企業を幅広く獲得できる可能性はあるでしょう。問題はその可能性の高さです。どれくらい高いのでしょう？　残念ながら、ほとんどのお客に対して、その可能性は低いでしょう。なぜだかわかりますか？　自分が選ぶ立場になってみればわかりますよ。ちょっと考えてみてください。

何が足りないのか？

あまりはやっていない居酒屋や定食屋ってありますよね。店内に入ると、壁などそこら中にベタベタとメニューが貼ってある。やたらとメニューが多い！　そんなお店です。最初から多かったわけではなく、節操もなくどんどん付け加えていったという印象のあるお店です。

不幸にして、そのような店に入ってしまった場面を想像してみてください。「なんでもありそうだな！　これはよかった」という印象になりますか？　むしろ「どれもパッとしなさそうだなぁ……」となりますよね？

さらに、あなたが「今日は、うまい焼き鳥が食べたいな」という明確な希望を持っていた場合はどうでしょう？「なんでもあります！」的な店に行くでしょうか？　行かないですよね。行くのはきっと「焼き鳥専門店」でしょう。

さて、ポコポコ社のケースにもどりましょう。

企業が「情報システムの開発」という目的を抱いたときに、それを依頼するITベンダー（業者）を選ぶという場面と、私たちが仕事帰りに一杯飲むお店を選ぶという場面がまったく同じということはないでしょう。でも、共通するところはあります。

まず、システム開発のベンダーを選ぶ場合は、私たちが「今日は、うまい焼き鳥が食べたいな」と思うのと似ています。目的がはっきりしています。「今回はシステムの開発でも、コンサルティングでもいい。場合によ

っては社員の教育でもいいな」などというケースはありません。

　そうすると、「なんでもできます！　やります！」的なポコポコ社のホームページは、見るほうにしてみると（仮に見たとしての話ですが）、「専門的なところではない」「わかりにくい……」といった印象を与える可能性が高い。つまり、せっかくホームページを作成しても、効果は小さいということになります。

どうすればよいか？

　基本は、「専門性を前面に出す」です。

　もちろん、「ウチは総合的にやっています」というワンストップ感を打ち出すことが効果的な場合もあります。病院でいえば、総合病院（主要な治療はすべてウチで可能です！）や、かかりつけ医（具合が悪くなったら、とりあえず、まずウチへ！）といったものがあります。前者は「高度な医療」「規模の安心（大きいから安心）」、後者は「初期診断」の専門家とも解釈できます。

　まあ一般的には、「○○専門！　○○だったらウチです！」というほうが、お客にとってはわかりやすいし、評判にもなりやすい。

　もちろん、専門性を増せば増すほど、市場は限定されることになります。市場が限定されれば、お客を絞り込むことになりますから、それを必要とする客が減ります。ここが難しいところですね。あまり絞り込み過ぎると、商売を成り立たせるために十分な客がいなくなってしまう。扱っているものが高額商品やサービスであれば、客の数は少なくても商売として成り立ちますが。

　そのあたりも考慮して、誰（どのような企業）の、どのような場面での、どのような用事（ニーズ）を対象にするのか、そしてそれをどのようにアピールするのか検討することが重要になります。一度決めたらおしまい、ということではなく、状況を観察し、見直し、修正していくことも必要です。

もうひとこと

　あなたの名刺はどうなっています？　ポコポコ社のホームページのようになっていませんか？　個人事業主の方たちの名刺には、けっこうそういうのがあります。たとえば、こんな感じ。これはこのあと登場する経営コンサルタントの名刺です。

小前田マネジメント研究所

経営コンサルティング　情報システム構築　人材育成　各種研修
中小企業診断士　社会保険労務士　IT コーディネータ　行政書士

代表
小前田 学

住所　××××××××××××
電話　××××　メール××××

　ひとり資格のデパートのようです。結局何ができるのか伝わりにくいし、何が得意なのかもわかりません。自分の名刺を作るときは「伝えたいことだけ」に絞ることを忘れずに！

Memo

マーケティング②

売り方をよく知らないと……

新規顧客は高くつく

STORY

〔会社近くの居酒屋にて〕
先輩A：どうした？　元気ないな。
後輩C：全然、売れないんですよ。たいていは担当者に会うこともできないし……最悪っス。
先輩B：そういうときもある。みんなそんなもんだよ。ほら、飲めよ。
後輩C：あ、すみません。でも、どうしたらいいんですかね？
先輩A：どうしたらいいって？　そんないい方法があるなら、こっちが教えてもらいたいよ。
後輩C：そうなんですか？　先輩もあまり売れないんですか？
先輩A：オマエと同じように断られることが多い。それは同じ。でも、何年もやってるからな。まったくダメってわけでもない。
後輩C：えっ？　じゃあ、やっぱやり方があるんじゃないですか！教えてくださいよぉ。
先輩A：やり方？「たくさんまわること」。以上。
後輩C：もう、先輩！　そんなことわかってますよぉ。
先輩A：いや、わかってないね。いいか、たくさんっていっても、見込みのないところは行かないの。そんなところに何度営業行ってもムダなだけだ。だから行かない。そのかわりにどんどん新しい会社に売り込みをかける。
後輩C：それはそんなことができればいいですけど……見込みがないところってどうやって見分けるんですか？
先輩A：簡単さ。どんなところでも、2～3回行けばわかるだろ？「こりゃあ、脈がないな」ってところはさ。
後輩C：まあ、そうですけど……。
先輩A：だろ？　そうとわかったら、見込客のリストからはずして、もう営業しない。かわりに新しいところを加える。それだけさ。

いったい何が起きているのか？

　新規顧客の開拓はなかなか大変です。営業の新人（後輩）くんはかなり苦労しているようです。売れない、売れないどころか会ってもらえない、といったことが続いているようです。

　そこで、困っている後輩に、先輩がアドバイスをしています。まあ、先輩のほうも、そんなにパッとした成果を上げているようには思えませんけどね……。

　その先輩のアドバイスは次の2つです。

- とにかくたくさんの客に営業をかけること
- 見込みがなさそうな客はさっさと見切ること（何度もアプローチするのはムダ）

　2～3度訪問して見込みのありなしを判断する。ダメそうならその時点でやめる。そのあと何度も訪問するムダが省ける。確かに合理的な感じがします。その分、新たな企業に営業をかけることができますからね。

　さて、ここでひとつ考えてみましょう。そもそも営業って販売するだけが役割なのでしょうか？

何が足りないのか？

　営業が見込み客や既存客のところにおじゃまする目的はなんでしょう？「自社製品・サービスを購入してもらうため」。たしかにそれはそうでしょう。しかし、それだけでしょうか？　見込み客のところへ何度か行くとして、毎回「買ってください！　よろしくお願いします」ってやるのでしょうか？（まるで選挙運動みたいですね）

　営業は一連のプロセスです。そうとらえた場合の要件としては、以下のようなものがあるでしょう。

- 自社のこと、自社製品・サービスのこと、自分のことを知ってもらう（できれば信頼してもらう）
- 自社の製品・サービスの利用によるメリットを理解・納得してもらう
- 自社の製品・サービスの購入を決定してもらう
- 客の状況や要望を理解するための情報を入手する

　顧客の情報を入手（収集）するのは、もちろん次の営業につなぐためです。もし、そのタイミングで成約が得られなかったとしても、見込み客の情報が得られます。それを次の製品や既存製品の改良に反映させることで、顧客にとっての価値を高め、販売しやすくすることが期待できます。

　「とにかく売る！」というだけではうまくいきませんよね。それにこのアプローチだと、何度か営業して「脈がない」と担当者が判断したら、何が残りますか？

　購入してくれなかったという事実と、まったく脈がないという印象の２つだけです。これはもったいない。

どうすればよいか？

　「顧客は７度目（あるいは６度目）に微笑む」。営業のセオリーというか、常識として伝わっていることの一つです。「見込み客が注文をくれるのは、７度目（あるいは６度目）の営業のときである」ということです。営業は辛抱強く、粘り強くやりなさいということでしょう。

　とはいっても、「今度のウチの製品はいいですよ。買ってください！」をただ単に繰り返せばいいというわけではありません。いま以上に顧客の状況を知る。逆に、顧客にもこちらのことを知ってもらう。そのために顧客との関係を構築する（不信感を排除する、信頼感を得る）。

　会社全体としても、営業においてはプロセス重視で、いまどういう段階なのかを把握し、それに基づき、次のステップを計画・実施する。状況に応じて計画をどんどん修正する。

　顧客の状況や希望は、製品開発や改良にあたっての重要な情報です。これを生かさないのはもったいない。組織的にそれらの情報を生かすしくみ

(収集→分析、あるいは仮説→製品化→検証(そのための情報収集・分析)を作ることが大事ですね。

> **もうひとこと**
>
> 　引っ越す気がまったくないときに、引っ越しのチラシが入っていたら？ 無視ですよね。そのままゴミ箱行きでしょう。どこかでランチを済ませオフィスにもどる途中の人に、別のお店でさらにランチを食べさせることは、どんな客引きをしても困難でしょう。
> 　つまり、購入という行為は「客のほうの事情」でほとんど決まるということです。ということは、まったく脈がなさそうに見えても、それは必ずしも自社の製品やサービスに魅力がないということではなく、単にその時点で顧客側がその手の製品やサービスを必要としていないだけ。そういうこともあるということです。
> 　そうだとすると、必要になったときに、思い出してもらえる。あるいは必要になったときに営業に現れることが大事です。事情に変化がないかどうか、定期的にさぐりを入れるといったことが必要でしょう。

マーケティング③

満足度とロイヤルティのちがいを知らないと……

満足度とロイヤルティの違いって？

STORY

〔営業部にやってきた社長……〕

営業部長：あっ社長！　ちょうどいいところに来ましたね。たったいま、今期の顧客満足度調査の結果が出たところですよ。スゴイですよ！

社　　長：どれどれ？　5ポイントアップか。これは確かにすごいな！

営業部長：そうでしょ。この1年、ウチの連中（営業部）には、うるさくいい続けてきましたからね。やっと成果が出ましたよ！

社　　長：あれっ？

営業部長：どうしました？

社　　長：でも、部長。今期、ウチの売上は前期より落ちてなかったっけ？

営業部長：そういえばそうですね。おかしいなぁ……

いったい何が起きているのか？

「顧客満足重視」を掲げる企業は少なくないです。掲げていなくても、多くの企業が「顧客満足度」を気にしています。アンケート調査をしたり、購入後・利用後にレビューを依頼したり、いろいろな手段で満足度の測定・評価を行っています。客の立場で一度や二度は、このような調査協力を要請された経験があるのではないでしょうか。

ポコポコ社でも、顧客満足度調査を定期的に行っているようです。今回の結果が前回よりもよかったということで、営業部長は大喜び。しかし、顧客満足度は上がっているのに、売上が落ちている（「売上落ちていなかったっけ？」と尋ねる社長もスゴイといえばスゴイ！）。

どうやら、2人とも、「顧客満足度の向上 → 売上・利益アップ」という図式が成り立つと考えているようですので、事態が飲み込めず混乱しているようです。

何が足りないのか？

「顧客満足度が高いと購入する」、「顧客満足度が上がると売上が増える」という考えは妥当なのでしょうか？　実は、必ずしもそうなりません。これは、自分が客の立場になればカンタンにわかることです。

たとえば、あなたの勤務先のそばにラーメン屋があったとします。ラーメンは嫌いじゃないほうですし、ほかにパッとした店がないので、よく利用していたとします。店は清潔で、店員の応対も悪くなく、味もまあまあうまい。そのような状況で、その店がアンケートをとったら、あなたはどのように回答するでしょう？　おそらく「大変満足」か「満足」ですよね。

さて、アンケートのあと、オフィスのそばに新しくラーメン屋がオープンしました。新しい店ですからね。「一度行ってみよう」となっても不思議じゃない。むしろそのほうが自然ですね。

行ってみると、これがオイシイ！　あなたの好みにぴったりで、しかも5回利用すると1回分がタダになるサービスをやっている。これは行くしかない。結果、もともとあったラーメン屋にはすっかり行かなくなる。

そんなことは普通にありえますよね。この場合、もとのラーメン屋の満足度は高かった。そうですよね。満足度は高かったのにほかの店に行くようになり、さっぱり利用しなくなってしまった。あなたと同様の客が何人もいたとすると、店全体の顧客満足度が高いまま、売上が低下するということが起きますね。

別のパターンもあります。これは調査と評価方法に起因するものです。具体例を使って説明しますね。

顧客満足度は単純に平均値で測定する場合が多いです。たとえば、5段階評価（5　大変満足・4　満足・3　ふつう・2　不満・1　大変不満）で、アンケートを実施したとします。そして、多少極端ですが、前回のアンケート結果と今回のアンケート結果が、次のようなものだったとします。

■前回のアンケート結果

	大変満足	満足	ふつう	不満	大変不満
評価点	5	4	3	2	1
回答数	10	30	30	10	20
得点（評価点×回答数）	50	120	90	20	20
				得点合計	300
				平均	3

■今回のアンケート結果

	大変満足	満足	ふつう	不満	大変不満
評価点	5	4	3	2	1
回答数	10	30	30	10	0
得点（評価点×回答数）	50	120	90	20	0
				得点合計	280
				平均	3.5

前回の顧客満足度の平均は"3"（アンケート数：100）であり、今回は"3.5"（アンケート数：80）です。顧客満足度は上がっていますが、これは、前回「大変不満」だった客がいなくなったためです。大変不満の客も

売上に貢献していたと考えられますから（利用したから大変不満だったのでしょうから）、その分売上は減少します。

　おそらく、ポコポコ社で起きたことはこれに近いことでしょう。「顧客満足度の平均値は、必ずしも売上とリンクするものではない」ということを知らない可能性が高いです。

どうすればよいか？

　まず、顧客満足度とロイヤルティのちがいを知ることです。

　「ロイヤルティ」は翻訳すると「忠誠心」になります。ですから「ロイヤルティが高い客」は、「その企業あるいは特定のブランドに対するファン」と考えてよいです。

　顧客満足度とロイヤルティについて整理しておきましょう。

> 満足度：気持ち、感情
> ロイヤルティ：態度、行動

　満足度とロイヤルティは同じものではありません。それは感情や気持ちと、態度や行動の差です。したがって「満足度はかなり高いけれど、ロイヤルティは高くない客」も存在するということです。企業としては「購入する」という行動が大事ですから、「ロイヤルティの高い客＝ファン！」をいかに増やしていくか、が重要になるということです。満足度調査でいえば、平均値に着目するのではなく、最も高い評価をする人の数、割合を測定・評価する。これが基本です。

　先ほどのような満足度調査では見えにくいわけですが、「大変満足の上」の客を作り出すということです。ロイヤルティを測定する場合は、5段階では精度が低いので、7段階や11段階で評価を行います。7段階評価の場合、7が「ロイヤルティが高い客＝ファン」で、それ以外は「ロイヤルティが高くない客」と2種類にしか分類しません。測定するのは、客の数です。要するにファンが何人いるのか？　です。この数を増やすことを目標とした施策を行っていきます。

もうひとこと

　特別満足しているというわけではないけれど、続けて利用している店ってありませんか？

　私の場合、美容室がそうです（通っている美容室のみなさん、ゴメンナサイ）。

　利用し続けている理由は、新しいところを見つけ、そこにスイッチするのがめんどうだから、手間（これをスイッチングコストと呼びます）がかかるから。そして、新しいところでは、ちゃんとしたサービスが提供されるかどうか不安（リスク）があるから。この２つです。

　そうすると店側としては、私の満足度を上げる策ではなく、決定的な不満を与えるようなことをしなければよい、ということになります。

　「いつもと同じ感じで」という一言ですませることができるというのは、相当価値があることです。

Memo

マーケティング ④

従業員がマーケティングを知らないと……

誰にマーケティングする？

STORY

〔営業部にて〕
営業部長：このままではこの四半期も目標未達になってしまう。そうなるわけにはいかん！　残り1ヵ月、これまで以上に必死にがんばってもらいたい！　こうなったら、頼りになるのは既存顧客だ。新規顧客の開拓より、既存客を中心に攻めるように！　以上！
先輩A：さてと……。ちょっとお茶しに行く？
先輩B：ああ、いいね。
後輩C：あのぅ……。
先輩A：なんだ？　オマエも行くか？
後輩C：あ、ハイ。もちろん、ご一緒させてください。でも、そういうことではなくて、なぜ、いきなりお茶なのかな？　って。
先輩A：いきなりビールはないだろ？
後輩C：そうじゃないです。今日の部長、けっこう力が入っていたじゃないですか？　だからみんな営業に飛び出すのかなって思ったものですから……。
先輩B：なーんだ、そんなことか。フツーだよ。いつも同じ。なぁ？
先輩A：ああ。具体的な指示があるわけじゃないし、達成すればボーナスってわけでもない。だいたいオマエ、営業の教育を受けたか？
後輩C：教育ですか？　いいえ。入社日の午後には営業に行ってました。
先輩B：営業の教育も受けていない。製品知識もない。客のことも知らない。そんなやつが営業やって売れると思う？
後輩C：も、申しわけありません。
先輩A：おまえを責めているんじゃないよ。オレもコイツも教育なん

> て受けたことないよ。いまだに自分が売ってる製品のことよくわかってないし。客のほうが詳しかったりすることもあるもんな。
> **後輩C**：なあんだ。そうなんですか。安心しました。お茶に行きましょう！
> （3人そろってお茶しに出かけていった）

いったい何が起きているのか？

　これはワリとイメージしやすい光景かもしれません。
　全体会議で責任者がゲキを飛ばす。しかし、聞いている人たちには、いまひとつというか、ほとんど伝わっていない……というよりも、ほぼ完璧にスルーされています。
　部長としては、この四半期の営業成績が未達成になるのを回避したいようです。そこで一発逆転じゃないですが、残り1ヵ月必死にがんばろう！とゲキを飛ばしています。部長の言葉に、異議を唱える人はいないようです。同時に、賛成したり、フォローしたり……といったことも一切ない。
　会議後の担当者2人の様子から察するに、インパクトをまったく受けていない。必死になるどころか、なんの変化も期待できない状況です。毎度同じことが繰り返されるので、「またか……」と、かえって士気は下がっているかもしれません。
　事情がまだよくわかっていない新人くんは、部長のゲキが多少響いたようですが、まわりの先輩たちを見てみると、どうも様子がおかしい。理解できない。先輩2人は平然とお茶に行くという。そこで疑問をぶつけてみると……という展開です。
　3人の話からわかるのは、ポコポコ社では従業員教育がまったく行われていないということです。自分たちが販売している製品のこともよく知らないというくらいですからね。確かに「特別な教育は行わない」という企業もあります。OJT（On the Job Training）と呼ばれる「実際に仕事しながら学習していく」というスタイルもあります。でも、ポコポコ社の場合は、単に「何もしていない」ということのようです。このような状況で売上を伸ばすことができるのでしょうか？

何が足りないのか？

みなさんは何が足りないと思いますか？　従業員（営業担当者）教育？　確かにそれはそうですね。自分が販売する製品（商品）やサービスのこと、営業方法についてきちんと体系立った教育はあったほうがいいでしょう。同時に、顧客のことも知っておく必要があるでしょう。相手がどのような企業で、どのような状況なのか、知らないと営業にはならないですものね。

「営業の教育も受けていない。製品知識もない。客のことも知らない。そんなやつが営業やって売れると思う？」

売れないです。もちろん、同じ仕事を何年もやっていれば、慣れてはくるでしょう。また、製品そのものに競争力（魅力）があれば、黙っていてもある程度は売れます。でも、会社側が期待するほどの売上にはならない。

このことについて、少し構造的に考えてみましょうか。話は簡単です。

| 会社 | →A→ | 営業担当者 | →B→ | 顧客 |

顧客がポコポコ社から製品やサービスを購入するとしたら、顧客はそのよさを納得することが前提となりますよね。つまり図の矢印Bにおいて、顧客はポコポコ社から購入すると決めるのに必要な情報や安心感・信頼感を得る必要があります。そうでなければ買いませんよね。

では、矢印Bにおいて上記のようなことが可能になるための前提はなんでしょう？　必要な条件はなんでしょう？

実は矢印Aがポイントになります。矢印Bを充実させたければ、まず矢印Aを充実させないとダメなのです。なぜなら、伝わっていくにつれて、その内容は弱くなってしまいますから。冒頭で紹介した会議では、ゲキが飛んでいました。これは矢印Aに該当するものですね。ただし、それだけです。製品に関する情報でもないし、安心感や信頼感が増す内容でもない。これでは、矢印Bの内容はお粗末なものになるでしょう。ではどうすればよいのでしょうか？

どうすればよいか？

矢印Aの内容を充実させればいい。そう思いますよね。そのとおりです。

実はこれを"インターナル・マーケティング"と呼びます。通常、マーケティングといえば顧客や市場を対象にしたものですが、これは対象が従業員（従業員は企業内部にいる人たち）なので、インターナル（内部向けの）マーケティングというわけです。

ひとことでいえば、このインターナル・マーケティングを充実させましょう！　というのが解決策になります。「お客に売りたいなら、まず、従業員に売れ」ということです。「お客の満足度を高めたいなら、まず従業員の満足度を上げろ！」「ロイヤルティの高い客（ファン）を増やしたいなら、まずロイヤルティの高い従業員（ファン）を増やせ」ということです。具体的な手段としては、教育・研修の充実や権限の委譲、処遇の改善といったものがあります。顧客と接する立場にある第一線の従業員の満足度を高め、会社と取り扱い製品・サービスに対する忠誠心がある従業員を増やしていくことが大切です。

もうひとこと

あなたの会社が提供している製品やサービスは、魅力的ですか？　価値あるものだと思います？　世の中のためになるものですか？　お金を払ってでも購入する価値がありますか？

そうであればいいですね。

あなた自身の生活は、魅力的ですか？　どういう点で？

あなたはあなた自身のオーナー社長です。

あなた自身にマーケティングしていますか？　満足度を上げていますか？

財務①

サンクコストを知らないと……

もとを取りたい？

STORY

〔開発部のオフィスにて…〕

社　　長：開発部長、『会計ソフトみやび』の件は、どうなった？　開発中止にしたか？

開発部長：社長、なんてこと言うんですか！　中止になんかするわけないじゃないですか！

社　　長：えっ？　そうなの？　てっきり中止にするのかと思ってたよ。新製品ポコポコΣの開発があるしさ。それにみやびはさっぱり売れていないだろう？

開発部長：バージョン2.0まではそうですが、今度のバージョン3.0は売れますよ。ビックリするような機能が付いていて、しかも、バージョン2.0より価格が安いですから。

社　　長：部長さ、たしかバージョン1.0からバージョン1.1にするときも、バージョン1.1からバージョン2.0にするときも、同じこと言ってたよ。

開発部長：いえ、社長、今度は違います。そろそろ売れてくれないと困りますから。

社　　長：「困りますから」って、部長。だいじょうぶか？

開発部長：だいじょうぶじゃありませんよ。売れないと困るんです。ここまでつぎ込んだお金、時間、エネルギーのことを考えてくださいよ。もう、そろそろ結果出してくれないと。このままやめるわけにはいきませんよ。

社　　長：確かに、みやびには相当な金を使ってるからなぁ……。

いったい何が起きているのか？

あきらめずに結果が出るまで粘り強く対応する……これは決して悪いことではありませんよね。十数年売れなかったものが突然売れる、なんてこともありますから。もちろん、そのまま売れずに終わるほうが多いでしょうけど……。

今回のポコポコ社のケースは、製品開発に関することのようです。これまでかなりの期間にわたり、みやびという会計ソフトの開発に注力してきたようです。開発費もかなり使っている様子です。開発部長が言っていることもわかるような気がしますよね。

開発部長の考え

成功すると考え、努力してきた＝お金も労力も時間もつぎ込んできた
　⬇　（もし、ここでやめると？）
いままでつぎ込んできたものがすべてムダになる。つぎ込んだものを回収できない！
　⬇　（だから？）
成功する（売れる）まで続けるしかない＝成功させるしかない！

といった感じになるでしょうか。みなさんはこれをどう思いますか？

つぎ込んだ（すでに使った）ものは、なんらかの手段をとればもどってくるものなのでしょうか？　少なくとも「時間」はもどってきませんよね。これは明らか。過ぎ去った時間はもどらない。ではお金はどうなんでしょう？　取りもどせるものなのでしょうか？

何が足りないのか？

サンクコストという概念があります。埋没費用といったりもします。経済学やファイナンスを勉強すると出てくる用語（概念）です。どういうものかというと"決して取りもどすことができないコスト（お金）"です。

このケースでいえば、みやびバージョン2.0までの開発に使ったお金です。これは、今後何をしても、もどることはありません。したがって「もったいないから」「ムダになるから」という理由は、妥当性を持ちません。どうやら、この知識が足りないようです。

先ほどの部長の考えをもう一度確認してみましょう。

> **開発部長の考え**
>
> 成功すると考え、努力してきた＝お金も労力も時間もつぎ込んできた
> 　　⬇　（もし、ここでやめると？）
> いままでつぎ込んできたものがすべてムダになる。つぎ込んだものを回収できない！
> 　　⬇　（だから？）
> 成功する（売れる）まで続けるしかない＝成功させるしかない！

このどこかいけないのか？　それは「つぎ込んだものを回収するまで続けるしかない」という考え方をしているところですね。これはいけません。どうしてかって？　誤っているからです。選択肢はありますからね。それに「続けていればいつか成功する」という前提のようですけれど、そのような根拠はどこにもありません。

では、この先の選択肢について具体的に考えてみましょう。開発部長は「続けるしかない＝これ以外に選択肢はない」状況と考えているようですが、そうでしょうか？

① 開発を続ける
② 開発をやめる
③ ほかのことを始める（別の製品を開発する）

と選択肢は少なくとも3つあります。誰でも②と③の選択肢の存在を知っているし、思い浮かぶことでしょう。でも、②や③ではこれまでにつぎ込んだお金を取りもどす（回収する）ことはできません。だから「取りもどす」ことを前提とした場合、選択肢にならないから存在しないのと同

じ。そうなってしまいます。

どうすればよいか？

端的にいえば、「サンクコスト」の知識を使って判断するということです。

【サンクコスト（埋没費用）とは？】

投資したお金のうち、このあと何をしたとしてももどってこないもの。もどってこないのだから、このあと何をするか、どうするかを決めるときに気にしてはいけない。

さて、以上の内容を踏まえたうえで、先ほどの選択肢について考えてみましょう。

それぞれについて、今後必要となるお金はどうなるか？

① 開発を続ける　⇒　これから開発に投入するお金が必要
② 開発をやめる　⇒　このあとは一銭もかからない
③ ほかのことを始める　⇒　別のことに投入するお金が必要

となります。①にしても③にしても、実施する価値があるかないかの判断はどうするか？　具体的に考えてみましょう。仮に、これまで『会計ソフトみやび』の開発につぎ込んだお金が8,000万円だったとします。

③から考えてみましょう。たとえば、別のことへの投資額を1,000万円とします。そして、期待される儲けが、5,000万円だとします。よさそうですよね？　1,000万円で5,000万円の儲けですから。このとき「みやびにつぎ込んだ8,000万円を考えるとまだまだ」と評価するでしょうか？　それはないですよね。まったく無関係ですから。いいですか？　ここがわかれば大丈夫。①についても③とまったく同じように扱えばOKです。

①の開発は、③と同様に投資額1,000万円に対して、5,000万円の儲けだとします。この場合③とちがって「同じもの（みやび）の開発だから

5,000万円ではまだ足りない」となるのでしょうか？

いいえ。すでに投入した8,000万円はサンクコストですから、新たな投資とは無関係と判断する。③と同様です。これが妥当な判断です。

もうひとこと

みなさんはパチンコをしますか？　する方はパチンコのほうがピンとくるかもしれません。

たとえば朝からパチンコを始め、まったくいいところなくすでに2万円負けている状況だとします。そのまま同じ台で続ける？　いくらなんでもそろそろ大当たり、しかも大連チャンになってもおかしくない。そんなときに台を替えてほかのヤツが大勝するなんてことは絶対に避けたい。パチンコは粘りと根性！　よし、続けるぞ！……パチンコの経験がある人であればこのような体験は、一度や二度あるでしょう。実はワタクシ、何度もあります。

これから出るかどうかは、これから使うお金によって決まるのであって、これまで投入した2万円とは無関係です。このあとどれほど儲かったとしても、すでに使った2万円がもどってくるわけではない。なんとなく頭ではわかっているのですが、「2万円取り返すぞ！」というパターンになりやすい。

2万円はなかったことにして、さっさとパチンコ店を出る。これが正解でしょう（もっといいのは、そもそもパチンコに行かないことでしょうけど……）。

さらに、もうひとこと付け加えます。

サイコロを3回振ったら、すべて偶数だったとしましょう。次はそろそろ奇数が出そうですか？

先ほどのサンクコストの説明の例として使ったパチンコの話。実は、サンクコストに加えて、もう一つ足りない知識があるんです。それが大数の法則と呼ばれるものです。

たとえば、サイコロのそれぞれの目が出る確率は6分の1ですよね。偶

数（2, 4, 6）、奇数（1, 3, 5）が出る確率は、それぞれ2分の1です。したがって、3回連続で偶数が出る＝奇数が出ない、ということは、そろそろ奇数が出るだろうと考えてしまいやすい。これは誤りなんです。

　確かにサイコロのそれぞれの目が出る確率は6分の1です。でも、6回振ったら、それぞれの目が1回ずつ必ず出るというものではありませんね。20回くらい振って「1が6回も出た！」や「3が1回も出ない」などということはそれほど珍しいことではないし、特別なことでもないということです。「それぞれの目が出る回数は6分の1になる」というのは、何十万回、何百万回振ったときにいえることであって、10回、100回程度ではあてはまらないということです。

　6分の1程度のことでそうなのですから、「大当たり確率396分の1」といったパチンコ台が一日中やっても一度も大当たりしないことは十分にありえることです。

財務 ②

固定費と変動費の区別を
知らないと……

費用にもいろいろあります

STORY

〔営業部のオフィスにて〕

営業部長：社長、福岡営業所のことですが……。

社長：うん。どうした？ オフィスの候補は見つかったか？

営業部長：ええ、いくつか見つかりましたけど、どれもけっこう、いいお値段なんですよね。

社長：そうなの？ オフィスなんて安いところでいいんだよ。オフィスで営業するわけじゃないからさ。駅から遠くてもいいし、建物が古くてもいいし、汚くていいし、クサくてもかまわない。

営業部長：…………。

社長：ん？ ウソだよ、ウソ。ウチの大事な社員が働く場所だからな。それに営業拠点なわけだから、賃貸料がお高くても、それをはるかに上回る稼ぎを上げればいいだけだ。

営業部長：社長！ そんなプレッシャーかけないでくださいよ……。

社長：プレッシャー？ おかしなこと言うね。そもそも『福岡はアツイですよ。営業所構えればガンガン売れますよ』って提案したのは部長だよ。

営業部長：いや、未開拓なので潜在的な顧客がいることは確かですけど、すぐに売れるかどうかは別ですよ……。

社長：ま、とにかく、しっかりやってくれ。以上！

いったい何が起きているのか？

　どうやら、新たに営業所を構えるようですね。営業所の賃貸料を気にしているようです。安いのに越したことはないでしょうけど、大事な従業員のみなさんが毎日働く場所ですからね。さすがに汚くてクサイのはまずいでしょう。確かに「最初はガレージで始めた」などというサクセスストーリーもあることはありますけどね。

　まあ、それはともかく、並であれ、豪華であれ、格安であれ、オフィスを借りれば費用が発生します。これは当たり前。私たちの住まいでも同じですよね。家賃は、毎月確実に支払わなければいけない。

　さて、ポコポコ社の福岡営業所の賃貸料がどうなるかはともかく、ほかに起きていることはなんでしょう？　というより、今回の場合は、当然、起きていてよいことが起きていない、といったほうがいいかもしれません。

　ポコポコ社がそもそもやりたいことは何か？　あらためて考えてみましょう。「福岡に営業所を構えること」でしょうか？　ちがいますよね。それは目指していることを実現するための"手段"です。目的は、「未開拓の福岡（および九州？）で自社製品を販売し、収益を増やすこと」でしょう。

　そう考えたとき、ポコポコ社がやっていないことはなんでしょう？　営業部長と社長の会話から、どう考えてもやってなさそうなことがあります。わかりますか？（筆者がいうのもおかしいですが、先に示した会話だけでわかれば、たいしたものです）。

何が足りないのか？

　ポイントを整理しましょう。ポコポコ社の目的は、「未開拓の福岡（および九州？）で自社製品を販売し、利益を増やすこと」です。

　これを実現するための手段として、福岡に自前の営業所を構えることを検討しています。ここで考えたいのは、ほかの手段です。その手段の比較検討をポコポコ社はしていません。

　目的は利益を増やすことですから、自社製品を販売する（売上を上げる）ためにかかる費用は少なければ少ないほどいい。そういうことになりますよね。実際、社長も営業部長もオフィスの賃貸料のことを気にしていました。ただし、それしか検討していません。

　費用は、高いか安いか、のほかに、固定か変動か、という区別があります。そして、後者も大変重要なことです。たとえば、今回検討しているオフィスの賃貸料は、毎月確実に発生しますね。社長が言うように、「賃貸料がお高くても、それをはるかに上回る稼ぎを上げればいい」わけですが、売上がまったくない場合でも、この賃貸料は発生します。つまり、「営業量（販売量、生産量、売上など）に無関係に発生する費用」です。このような費用を固定費（何があってもなくても発生する費用）といいます。また、費用には固定的でないものもあります。たとえば、製品の原価（材料費など）は、10個分とくらべて100個分では10倍になりますよね。こちらは生産量によって変化するので、変動費といいます。

- 固定費……生産量や売上などの変化と無関係に発生する費用
  - 例）賃貸料、従業員の給与
- 変動費……生産量や売上が増えるとそれに伴い増加する費用
  - 例）原材料費、販売手数料

　さて、ポコポコ社が固定費ではなく、変動費で「未開拓の福岡（および九州）で自社製品を販売し、利益を増やす」手段には、どういったものがあるでしょう？

どうすればよいか？

　極端なケースで考えてみましょう。固定費がゼロで、すべて変動費にする場合。固定費がゼロということは、自前の営業所を構えないということですね。拠点がありませんから、ポコポコ社の従業員が常駐するということもありません（常駐すればそれが固定費になってしまいます）。

　たとえば、見込み客から引き合いがあったときに出張するという手があります。この場合は、交通費と人件費がそのつど発生します。

　さらに、ほかの手段は？　福岡を拠点としていて、ポコポコ社の製品を販売してくれる企業と手を組むという方法があります。販売代理店契約ですね。「販売手数料」（代理店がポコポコ社の製品を販売したら、一定のフィーを支払う）であれば、固定費はゼロですし、自社の従業員を送り込む必要もありません。100％変動費です。もちろん、固定費が変動費になっただけ（費用がなくなったわけではない）ですから、このほうが優れているというわけではありませんよ。固定費はかかりませんが、販売のつど手数料（マージン）を代理店が持っていきますから、その分、利益率は下がります。

　どれが適しているかは状況や戦略によってちがってきます。たとえば、多少時間がかかっても何年か後には、福岡・九州全域での売上をある程度の規模まで拡大するという明確な目標があるのであれば、自前の営業所を構えるのがよいでしょう。反対に、どうなるか見込みが立たないけれど、売れるのであれば売ってもよい程度なら、販売代理店がよいでしょう。

もうひとこと

　家のローン（あるいは賃貸の家賃）、食費、光熱費、子供の学校や塾の費用……、私たちの生活も、毎月かなりのお金がかかりますね。これらの費用のほとんどは、収入がゼロでも発生するものです。収入とは無関係に発生する費用、ということは固定費です。収入が増えたので、使うお金も増えるというパターンはあるでしょうけど（ただ、この場合はタチが悪いことに、いったんそういう生活に慣れてしまうと、収入が下がっても出費のほうはもとにもどしにくかったりします。低くなる方向には固定的（硬直的）なので気をつけましょう）。

　あるいは、収入はともかく仕事が増え忙しくなった（たとえば、休みの日も仕事になった）ので、遊びに行く機会が減り出費が減るというようなことはありそうです。

　筆者は、「資格の学校」の講師をしています。学校を利用するとお金がかかります。それもかなりの額です。でも、資格取得を目指して勉強を始めるとお金が残るようになる人が多いです。

　どうしてか？　それは、お金を使わなくなるからです。合格するためには勉強する必要があります。勉強するということは、遊びや付き合いを減らすことになります。ショッピングに出かけることも減ります。つまり、お金を使う機会が減るので使うお金も減る、ということです。

Memo

経営戦略③

削ってはいけないコストを知らないと……

減らせばいいってもんじゃない！

STORY

〔財務部オフィスにて……〕

社長：どうした、部長？

財務部長：今期から来期に向けてのコスト削減策を取りまとめているのですが、まとまらないんですよ。開発部がコスト削らないんですよね。どうしましょうか？

社長：開発部か。新製品の開発に着手したところだからな。なかなか減らしにくいかもしれないな。

財務部長：確かにそうですが、それはほかの部門も同じですよ。それに、開発部のコストは大きいですからね。彼らが減らしてくれないと全体もあまり減らないですよ。

社長：そうだなぁ。確かに開発には金がかかっているものな。

財務部長：やめるのが困難なのであれば、今期予定しているものを来期にずらすとか、当初の計画を変更して半分程度の規模で行うとか……、策はあると思うのですが。

社長：でも、開発部門のコストのほとんどは開発部門の人件費じゃないのか？　人員を減らさない限り、減らないだろう？

財務部長：いえ、減りますよ。今期は新製品開発もあるので、開発案件が多いんです。当然、内部の人材だけでは対応できません。だから、外部リソースも使って開発する計画になっているんですよ。

社長：そうか。ということは、案件を絞って開発ボリュームを減らせば、外注費用が減るっていうわけだ。

財務部長：そうです。全社をあげてコスト削減に取り組もう！　って社長が言ったばかりじゃないですか。開発部だけ例外っていうのはないですよ。ウチもバイト２人いるのを１人にするんですから。

社長：そうか。わかった。開発部には私が直接話をしてくる。当

初の目標どおりの削減を行ってもらうよ。

いったい何が起きているのか？

　ポコポコ社ではコスト削減をするようです。今回の社長と財務部長のやりとりは、比較的まともですね。

　話題になっているのは、開発部の費用のようです。今回ポコポコ社が計画しているコスト削減は、全社レベルのもののようです。だからこそ「例外を認めるわけにはいかない」というのが財務部長の考え方です。

　一方で社長は、なんとなく歯切れが悪い感じです。「開発は他の部門とはちょっとちがうぞ」という認識を持っているのかもしれません。

　確かに財務部長が考えているように、例外を一つでも認めてしまうと、ほとんどの場合、例外がほかにも広がっていきます。結果、例外だらけになり、当初の目標は達成できないことになってしまう。だからこそ、これを認めないという方針を貫こうとしていますね。これはOKでしょう。

　最終的には、社長が開発部のところへ直接出向いて話をつけるということになりましたが、何かまずいことが起きているのでしょうか？

何が足りないのか？

　もちろん「コスト削減がよくない！」「リストラはダメ！」というわけではありません。これらは経営上の選択肢の一つとしてありますから。

　では、何が足りないのか？　お金がかかること（出費）の内容を区別するという発想が欠けています。新製品の開発にかけるお金と財務部門の事務処理にかけるお金は同じ種類のものなのか？　NO！　ちがいますよね。ではどうちがうのか？

　そもそも企業って、使うお金は少なければ少ないほどよいのでしょうか？「コスト」や「費用」という呼び方をすると、「少ないほどいい」ってイメージだと思います。では「投資」ならどうでしょう。しかも"有望な投資"なら？

「これは絶対に勝てる」（まあ、そんなものはないわけですけど）という場合、掛け金を多くしますよね。100円より、1万円。儲けが100倍になりますから。このとき100円の投資した経営者と1万円の投資をした経営者がいたら、どちらが評価されるでしょう？

使ったお金が少ないから100円のほう！　などと考える人はいないでしょう。経営はギャンブルではないですけれど、ギャンブル的な要素は多分にあります。常にリスクはありますから。「チャンスあり！」と判断したら、素早く行動を起こし、そのチャンスをものにする。そういうことが必要ですよね。当然それにはお金が必要になります。

そんな大事なときに「出費は少ないほうがいい」などとやっていたら、チャンスをつかみそこねることになり、出費は少ないかもしれないですが、儲けも少ない。失敗に終わった場合に、損失は少なくてすむけれど、出費を抑えるために会社を経営しているわけではないですからね。

ポコポコ社でいえば、「企業にとって魅力がある、役に立つソフトウェアを提供する」ために存在しています。ということは、「よりよいソフトを作り続けること」がこの会社にとっての使命です。そう考えると、ポコポコ社にとって新製品開発にかけるお金は明日のための投資と考えることができます。これを財務部門の日常的な処理にかかる費用と同じに扱うのはマズイですよね。ポコポコ社の社長と財務部長には、このようなお金の区別についての知識が足りないようです。

どうすればよいか？

費用は次の2つに分けて考え、対応することが重要です。

- 今日の事業運営にかかる費用
- 明日の事業運営を可能にする、成長するための投資

ものすごく乱暴にいえば、前者は業務品質を落とさないのであれば、安ければやすいほどよい。後者はそうではない。成長ですからね。賭け金の額によって得られるもののタイミングと大きさがちがってくる。投資する

対象の選択と額の決定が大事なのであって、額を下げることがポイントなのではありません。

　たとえば、家計が厳しくなってきたので、お父さんのお小遣いは減らす。でも、子供の教育費は削らない。そういうことってあるでしょ？

　「これはこの子の将来への投資！」というような表現もあると思います。それと同じです。家庭も企業も、いまがよければそれでいいというわけにはいきません。中長期的な視野で判断をすることが求められます。

> **もうひとこと**
>
> 　明日のための投資。やっていますか？
>
> 　これはお金のことだけではありません。時間、実施する優先度なども含みます。まず、何に投資するか、自分は何をしたいのか？　どうなっていたいのか？　これをはっきりさせる。でも、これがなかなか難しい。
>
> 　実は、筆者自身もはっきりしていません。はっきりしなくても、「こっちの方向に進んでいればいいだろう」くらいの感覚で進んでいけばいいと考えています。目標は明確なほうがよいのかもしれませんが、筆者にとっては、「毎日進んでいる実感がある」くらいで十分です。
>
> 　あなたはどうですか？

診断 ①

コンサルティングの基本を知らないと……

スゴイ効果って？

STORY

〔小前田マネジメント研究所の一室〕

（経営コンサルタントの小前田がパソコンでメールを確認している）

小前田：ポコポコ社の社長からだ！……おおっ！　仕事の依頼だぞ。

　ポコポコ社の社長とは、先月、ビジネスセミナー後の懇親会で立ち話をした。翌日、名刺のアドレスにメールしたところ、「一度見てアドバイスしてほしい」とのこと。

小前田：やったぁ。ついにコンサルの仕事が受注できそうだ。ポコポコ社か。そこそこの規模だし、一度気に入ってもらえば継続的な仕事になる可能性もあるな！　これはいいぞ。しかもポコポコ社の社長はなかなかユニークな存在で、顔も広いらしい。ほかの企業も紹介してくれるかもしれない。
　とにかく、インパクトをあたえなきゃ。スゴイ！　と思わせなきゃな。颯爽と現れ、キラリと光る解決策をパッと出す。思いもつかない、考えてもみなかった解決策！　信じられないような効果が出る解決策！　そういったものだな。それが提案できれば社長をはじめ、ポコポコ社の人たちもビックリするだろう。
　なにしろ、実績がないからな。提案の中身で「スゴイ！」と思わせるしかない！　よおーし、やるぞー！

（誰もいないオフィス兼自宅で盛りあがる小前田であった）

いったい何が起きているのか？

小前田マネジメント研究所。どうやら小前田くん、独立して間もない経営コンサルタントのようですね。開業して初めての依頼が来てうれしそうです。

小前田くん、相当はりきっていますね。お客に仕事や仕事ぶりを気に入ってもらうことができれば、次の仕事につながる可能性があります。また、それが"実績"となり、他の受注もしやすくなります。まさに願ってもないことです。はりきるのも当たり前です。

でも、残念ながら、この案件はうまくいかないでしょう。

仮に小前田くんがものすごい能力の持ち主で、ポコポコ社に颯爽と現れキラリと光る提案をしたとしても、この案件はうまくいかないでしょう。

みなさんはその理由がわかりますか？

何が足りないのか？

コンサルティングもサービスですから、実績が重要です。「実績がすべて」といってもいいかもしれません。これは「依頼する側」になって考えればわかります。

コンサルティングを依頼したことなんかないからイメージできない？では、心臓外科の手術とか、命に関わる手術をしなければいけない場面を想定してみてください。

- 医師A：すぐに手術可能。でも、これまで手術経験はなく、執刀医としての初めての手術になる
- 医師B：年間300回は心臓の手術をしている。ただし、コネがないと順番がなかなか回ってこない

これなら想像できますよね？　どちらにします？　おそらくお金積んででも医師Bにやってもらいたいですよね。

コンサルタントも同じです。よほど何かの事情がない限り、実績のない

人や企業に依頼することはありません。あるとしたら、「どうでもいいケース」でしょう。「ちょっと見てほしい」というメールは単なる社交辞令で、本気ではない可能性も十分にあります。まず、このあたりの知識を小前田くんは持っていない可能性があります。

　話を続けましょう。みなさんはコンサルタントの仕事って知っていますか？　コンサルタントの利用価値はいつわかるのでしょう？　どういう場合にわかるのでしょう？　顧客に提案する内容の価値とは？
　そうですよね。コンサルタントの価値がわかるのは、提案内容を顧客が実施して確かな効果が得られたときです。

> 提案 ➡ 提案内容を受け入れる ➡ 提案内容を実施する ➡ 効果が出る

　だいたいこんな感じです。
　つまり提案のあとに、3つも段階があるということです。そして、3段階すべてクリアしないと効果が出ません。それぞれのステップについてもう少し詳しく見てみましょう。

> ① 提案を受け入れる
> 　提案内容に妥当性があることを顧客が認める。「そんなことはできない」「やっても効果がない」と思われたらアウト
> ② 提案内容を実施する
> 　提案に基づき実際にアクションを起こす。ほとんどのものは一定期間、労力と金をつぎ込む必要がある
> ③ 効果が出る
> 　提案を実施した結果として十分な（期待していたレベルの）効果が得られなければ、「ダメな提案」だったということになる

　①～③のうち、②と③は提案時のことではありません。顧客（クライアント）としては、②と③を前提に①を行います。
　以上のことを踏まえて、もう一度、小前田くんのやろうとしていることを検討してみましょう。

小前田くんがめでたくポコポコ社の案件を受注したとします。そして、実際にコンサルティングを行い、その結果を提案にまとめることができたとします。
　さらに、その提案内容は、小前田くんがイメージしているような、キラリと光る解決策だったとします（"キラリと光る"というのはあくまで提案した小前田くんの印象であって、受け取った顧客側のものではない点に注意しましょう）。
　とにかく、小前田くんとしては、効果も大きく、自信満々の提案だとします。思いもつかない、考えてもみなかった解決策！　信じられないような効果が出る解決策！　そういったものだったとします。
　ちょっと待ってください。

　「思いもつかない」「考えてもみなかった」のは誰なんでしょう？
　「信じられない」のは誰なんでしょう？
　そうです。クライアントのほうです。
　小前田くんの提案内容が、顧客にとって「思いもつかない」「考えてもみなかった」ものだった場合、顧客はその内容を「実行可能」と判断するでしょうか？　顧客が「信じられない」効果を約束する提案を「実現可能」だと判断するでしょうか？　しませんよね。
　もし、小前田くんあるいは小前田マネジメント研究所が、この業界での実績が豊富で世界的にも有名なら、顧客は受け入れるかもしれません。しかし、小前田くんはそうではありませんからね。まず、受け入れられることはないでしょう。「①提案を受け入れる」で、はねられるわけですから、結果として失敗です。当然、実績にもなりません。このあたりの知識が小前田くんには欠けているようです。
　では、どうすればよいのでしょうか？

どうすればよいか？

あくまで提案を受ける顧客側の立場から（①②③を前提に）、案のスゴサをアピールするのではなく、目標設定の仕方、現状の調査方法、情報の整理・分析方法の的確さ、つまり仕事のやり方（プロセス）に焦点をあてるべきです（実績が十分でない場合は特に）。

プロセスの納得性が高ければその結果として生み出された提案内容の説得力も出てきます。ビックリするような提案内容など必要ありません。顧客が「これならできる」「これならやる価値がある」という判断ができる提案をすることが基本です。

もうひとこと

経営コンサルタントと競馬の予想屋との共通点は？

- なんとなくうさんくさい
- 自分自身は提案するだけでお金を出さない

学生のとき、競馬の予想屋さんにそのあたりのことを突っ込んでみたことがあります。「どうして自分で買わないわけ？　誰にも教えずにいたほうがオッズは下がらないし、他人に売るほど自分の予想に自信があるなら、サラ金から金借りてでも自分で馬券買ったほうがいいじゃん」
というツッコミに対する予想屋のおやじの回答の趣旨は、

- 自分で馬券を買うとなると予想は異なる（予想するという行為と馬券を買う行為は別モノである）
- 予想屋は予想がはずれても損はしないが、影響は受ける（まったく当たらない予想屋では商売にならない）

というものでした。
自分のお金を賭けるのであれば、そもそも「儲かりそうなレースがどれ

か」を予想します。すべてのレースを予想する必要はない。つまり「どの馬が勝つか」ではなく「どの賭け方が儲かるか」が大事になります。

　また、そのオヤジがいうには、あまりにも当たらない状況が続けば、誰も自分から予想を買うことをしなくなる。つまり影響を受ける。反対に当たりを連発すればその実績をアピールして客を増やすことができる。

　それから15年くらい経過した頃、自分がコンサルとしてお客から尋ねられる立場になっていた筆者は、あるとき次のような指摘を受けました。

　「コンサル会社ってさ、ウチの業界のことをよく知っているわけだよね。どうすれば成功するかとか、どうすれば儲かるかとか。だったら、どうして自分たちで会社作って商売しないわけ？　そっちのほうが手っ取り早いだろ？」

　かつて自分が予想屋のおやじにした質問とほぼ同じ内容です。抱いていた気持ちも同じようなものだったでしょう。「うさんくさい」という印象です。予想屋のオヤジの答えを思い出した筆者は、うまく受け答えすることができました。このときばかりは、学生のときにギャンブルをやっていてよかったと思いました。

診断 ②

ヒアリングの仕方を知らないと……

コンサルタントは探偵ではない

STORY

〔営業部オフィスにて……〕
小前田：お忙しいところ、ありがとうございます。コンサルタントの小前田です。よろしくお願いします。
営業部長：…………。
小前田：早速、ヒアリング始めさせていただきますね。
営業部長：どうぞ。
小前田：ありがとうございます。では部長、現在の営業部にはどのような問題点がありますか？
営業部長：問題点？　問題点ってどういう意味？
小前田：あっ失礼しました。営業部で起きているまずいことです。部長が抱えていて対応に困っていることといってもよいですが。
営業部長：それなら、特にないよ。
小前田：えっ？　ない？　そんなことないでしょう。どこの部署にも一つや二つ問題はあるものですよ。
営業部長：「ない」という私の言葉を信用しないわけ？　私がウソをついているとでも？　それとも話が理解できないバカとか。
小前田：いえいえ、もちろんちがいます。そんなことをいっているわけじゃないです。ただ、勘違いしているとか、外部のコンサルタントに正直にいうことに抵抗を感じていらっしゃるとか……。
営業部長：そういうことなら確かに遠慮していたよ。問題はあるよ。
小前田：あります？　そうですよね。わかってもらえてよかったです。
営業部長：いま、私が困っているのは、社長がコンサルなんか入れたおかげで、業務のじゃまをされていることだよ。私が抱えている問題はそれだけだ。しかも、それはキミが理解してくれたおかげで解決だ。キミのおかげだ。キミも仕事が素早く片づいてよかったじゃないか。それじゃ、私はこれで。

いったい何が起きているのか？

どうやら、小前田くんは営業部長を怒らせてしまったようです。ま、なんとなく、理由はわかりますよね。いきなり職場に来て「問題ないですか？」ですからね。カチンとくるのも無理はないかもしれません。

コンサルティングでは、ヒアリングをよく行います。小前田くんとしては、部門の責任者にヒアリングすることで、コンサルティングのとっかかりというか、ポイントをつかもうとしたわけですね。結果は、完全に失敗です。なにも情報を得られなかったうえに、次のきっかけも失ってしまいましたから（もう、営業部長にヒアリングすることはできないでしょう）。

小前田くんのほうに何かまずいところがあるとして、営業部長の対応のほうも気になりますよね。職場の問題点、悪いところについての話は、よくありますから。オフィス街近くの居酒屋に行けば、そのような話でもちきりといってもよいでしょう。だから小前田くんが「当然、問題はある」と考えていてもムリはない。

じゃあ、なぜ、営業部長は「ない」と言ったのでしょうか？　営業部長はウソをついたのでしょうか？　知りたいことはいくつかあります。

- もし問題あるのであれば、なぜ営業部長は「ない」と答えたのか？
- 小前田くんはどうすべきだったのか？

何が足りないのか？

「問題とは何か」という哲学的な話はさておいて、ここではとりあえず「解決すべき事柄」とします。そうすると、そういうことがまったくない職場というのは考えにくい。では、営業部長はなぜ「ある」のに「ない」と答えたのか？　自分がその立場ならどう対応するか、考えてみるとわかるかもしれません。

筆者がもし部長なら、同じ答えをした可能性が高いです。どこの誰だかよく知らないヤツがよく知らない目的のために、自分のところへヒアリングに来る。そして、「問題は何か？」とたずねられる。そのとき、「自部門

に問題がある」と答えると何が起きるのか？　想定されるのは次の2つです。

- 「マネジメント力がない」と判断される可能性がある（たとえば、社長に）
- 業務をじゃまされる可能性がある

　わかりますよね？　部門を管理するのが部長の仕事です。管理が適切なら問題は発生しない。発生してもただちに適切に処理（解決）されるはず。したがって、もし、部外者（外部）の経営コンサルタントに解決してもらわなければならないような問題があるとすれば、部長の能力不足ということになる。責任者にとって「自部門に問題がある」は「私のマネジメント力には問題がある」と同じ意味合いになるということでしょう。これが一つ目のほうです。

　二つ目は、もっとシンプルです。問題があるとなると、それを解決する必要が生じます。そのための情報収集、分析、解決策の検討が行われることになります。その活動はコンサルタント側が行うにしても、現場が巻き込まれます。それがイヤだ。わかりますよね。というようなことを知らずにヒアリングにノコノコ出かけていった小前田くん。これが今回起きたことでしょう。

どうすればよいか？

　コンサルタントは刑事でも探偵でもありません。問題や原因（犯人）を特定することが仕事ではありません。あくまで提案をするのが仕事です。何の提案か？「クライアントが成長する機会を生かすこと」です。仮に何かの原因を分析することがあったとしても、それは「機会」を見つけるため、「機会を生かす妥当な策」を検討するためです。つまり、提案内容をより適切なものにするための手段として行います。お客へのヒアリングは「悪いところを見つける・特定するため」ではなく、「成長する余地のあるところを発見するため」の一つの方法です。小前田くんは、このようなコ

ンサルタントとしての基本的な知識に欠けている可能性が高いです。あるいは、コンサルタントは探偵のような仕事、という誤った考えを持っているのかもしれません。

では「機会を見つけるため」のヒアリングはどのように行えばよいのでしょう？

まず、コンサルティングの概要とヒアリングの目的を明確に理解してもらうことです。これが大前提になります。問題点を見つけるためではないこと、犯人探しをするためではないこと、そもそも問題になど興味はないこと、興味があるのは成長の機会のほうであること、そして、自分は敵ではなく味方であることを伝えます。そのうえで、たとえば、

「もし、部長にもう少し時間があったら、どのようなことをしますか？」
「仮にどのようなことが起きると、今期の目標は未達成になるでしょうか？」
「目標を現状の２倍にしたいとします。どうしますか？」

といった質問をします。

現状を否定されたり、他人から非難されたりして気分がよくなる人はいないでしょう。ですから前提は、こうなります。

「今は悪くない。ただ、もっとよくすることができる」

これが大事な考え方です。

もうひとこと

「今は悪くない。ただ、もっとよくすることができる」

これは、私たちの生活においても、基本となる考え方です。まず、現状を否定しないこと。現状を否定すると、「足りないこと」「満足できないこと」に焦点をあてることになります。そうなってしまうとキリがありません。私たちって欲張りですから。そうでしょ？　努力して状況が改善されたとしても、「まだ足りない」「まだまだ満足できない」になってしまいます。

現状を否定しないということは、現状を変えようとしないということではありません。

私たちには、まだまだ知らない世界があります。というより、ほとんど知らないといってよいでしょう。まだ体験したことのないすばらしい世界を体験したいですよね。そのために自分を変える。そこに終わりはない。この本を読むという行為も、あなたを変える一つのきっかけになればいいなと思います。

Memo

診断 ③

分析の仕方を知らないと……

相手に「なぜ？」「なぜ？」と問うとどうなる？

STORY

〔経理部のオフィスにて〕
経理部では、経理部長が忙しくてスケジュール調整がつかないということで、スタッフにヒアリングすることに。

小前田：さっそくですが、ここの職場で、何か問題はありませんか？
（おそるおそる切り出してみた）

スタッフ：問題ですか？

小前田：いや、あの、何もなければ何もないで結構なんですが……。

スタッフ：ないわけないでしょ。たくさんありますよ。ありすぎ。だから、どのような問題なのか絞ってくれないと、困ります。

小前田：では、最大の問題、経理部でいちばん困っているのは何ですか？

スタッフ：いちばん？　いちばんって言われてもね。まあ、職場のみんなが困っているということでは、月末の作業でしょうね。

小前田：何が問題なんですか？　残業とか？

スタッフ：そうです。でも、忙しいことが問題なのではありません。くだらない仕事で時間をとられ、しかも自分たちではどうしようもないので、頭にくるんです。

小前田：なぜ、そうなってしまうのですか？

スタッフ：営業部のやつらのせいです。まったくルールを守らないんですよね。

小前田：なぜ、ルールを守らないのでしょう？

スタッフ：営業部長が悪いんですよ。

小前田：えっ？　営業部長ですか？

スタッフ：そうですよ。まあ、それを知っていて何もできないウチの

> 部長もよくないですけれど。営業と経理じゃ、営業のほうが会社のなかじゃ強いですからね。結局は社長が悪いんですよ！

いったい何が起きているのか？

　さて、営業部長のヒアリングをあきらめた小前田くん。次は経理部に出かけたようですが、経理部長には会うこともできないようです。代わりにスタッフの方がヒアリングに応じてくれたようです。
　どういう反応が返ってくるのか、スタッフも営業部長と同じなのか……。スタッフの反応は、まったく異なるものでした。
「問題はたくさんある」
　ああ、よかった。これで小前田くんは仕事になりそうです。
　営業部長とはちがい、経理のスタッフは、積極的に部門の問題点について説明してくれます。どんどん、説明してくれます。いったいなぜなのか？　どうしてスタッフだと問題点をどんどん説明してくれるのでしょう。営業部長の場合は、自部門に問題が存在することを認めると、自分のマネジメント力が欠けることを示すことになってしまうので避けるという話をしました。スタッフの場合はどうなのでしょう？
　そうですね。スタッフは、その部門を管理（マネジメント）する責任を持っていません。ですから、問題の存在を認めることに抵抗はないでしょう。しかも、自分の業務のやり方や範囲を決める権限も持っていません。したがって不満が出やすい。結果、どんどん問題点が出てくるということです。
　でも、これでいいのでしょうか？　どうでしょう？　ヒアリングの流れではどうやら社長が悪い！　ということになったようですが……。

何が足りないのか？

　そもそも、小前田くんはなんのためにヒアリングしたのでしょうか？　経理部の現状の問題点を明らかにするためでしょうか？　問題点やその

原因が明らかになれば、解決策を提案することができる。そういうことでしょうか。

すでに説明したように、コンサルタントは刑事でも探偵でもありません。その点を小前田くんは理解していない（正しく理解していない）可能性が高いようですが……。

ほかに足りないことはないのか？　あります。

「なぜ？」という質問を小前田君は繰り返していますが、なんのためでしょう？　この場合の「なぜ？」は原因を問う質問ですね。よく、「なぜ？　なぜ？　なぜ？」と繰り返しなさいといわれます。一度だけだとそれは真の原因ではない。なぜ？　を繰り返すことで、より本質的な原因を突き止めることが可能になるのだ！　ということですね。

ただ、ちょっと考えてみてください。お客自身に分析させてしまってよいのでしょうか？

たとえば、テレビの映りがどうもよくないので、電気屋さんを呼んだ場合を考えてみましょう。電気屋さんが「どうして映りが悪いのか」客に質問することはないでしょう。「いつからこのような状況になったのか？」「何かきっかけになるようなことはなかったか？」「以前にも同様のことはあったか？」など、状況をより正確に理解するための質問をしますよね。

お客に発生している問題の原因を尋ねることは、お客に問題を分析させることになってしまいます。テレビの映りが悪いことの原因を尋ねるようなものです。「ウチはテレビのあたりが悪い。前のテレビもすぐにダメになった」「ネットで購入したのがよくなかった」など、電気屋さんとしてはどうしようもない答えが返ってくるかもしれません。だからプロの電気屋さんは、そんな質問はしません。もちろん、プロのコンサルタントもしません。

どうすればよいか？

お客にヒアリングするのは、「分析させる＝答えを得るため」ではありません。分析するのはコンサルタントの仕事です。分析するためのデータや情報を得る。要するに現状をよりよく、正確に理解するために質問す

る。そういうことです。

となると、あらかじめ「どのようなところの何をはっきりさせたいか」を明確にしておいたほうがよさそうですよね。要するに事前調査ってやつです。そのうえで仮説を立て、それを検証するためにヒアリングを行う、というパターンに持ち込めればもっとも効果的でしょう。

もうひとこと

何かが起きたとき、その原因をとらえることは重要です。ただ、それだけでは足りません。原因の逆、影響を分析するクセをつけましょう。組織の中で仕事を続けるのであれば、ぜひ身につけておきましょう。

組織でのポジション（職位）が上がれば上がるほど、気になることは、まず「影響」だからです。よく「社長になったつもりで考えなさい」といわれますが、それを具体的に行う一つの手段が「それで？」と問うことです。

たとえば、「顧客からクレームが入った」とします。なぜ？　と原因を分析するより前に、「それで？」を考える。

なぜ起きた？ ⇦ 原因 ― クレーム発生 ― 影響 ⇨ それで何が起きる？

「適切なクレーム対応をしなかった場合どうなるだろうか？」
「この顧客との取引が失われることになったら、どれくらいの損失だろうか？　ほかの客に影響はないだろうか？」
「仮に不満を解消するような策を打った場合どうなるだろうか？」
といったようなことです。

まあ、クレームが入ったのであれば、原因や影響の分析よりまず、謝罪することが大事でしょうけどね。

Memo

Part 2

"うまくいかない"は、成長するための機会

ものの見方が大切

知識があるだけでなんとかなることもある

　Part.1では、企業経営に関連する知識が欠けているとトラブルになるということを、かなり極端な例をあげて紹介しました。「そんなバカな」という印象のものがあったかもしれませんが、一つや二つは「そういうことってあるかも！」とか、「ウチの会社も似たようなものかも！」と感じる内容だったのではないでしょうか。

　知識が欠けているだけでトラブルになるということは、見方を変えれば、「ある程度の知識があれば、避けられるトラブルがある」ということになります。Part 1で取り上げたそれぞれの例に対して「どうすればよいか？」で説明した内容は、「適切な知識があれば、別の対応ができるはずだ」ということを示しています。

　Part 1で取り上げたのは、企業経営における戦略や組織、マーケティング、財務会計といった領域に関する知識と、企業経営についてコンサルティングを行うという観点からの知識です。きっと「ああ、これなら知ってる」というのもあれば、「こんなことがあるのか、知らなかった」というのもあったでしょう。ひょっとしたら、全部知らなかったという方もいるかもしれません。もちろん、いまはそれでもまったくかまいません。

　Part 1の目的は、読者のみなさんの知識レベルを確認したり、試したりするといったものではありません。取り上げた知識は、その気になれば、あっという間に身につけることができるようなものです。

　ですから、こういった知識を身につけることではなく、読者のみなさんに「その気になってもらいたい」というのが筆者の望みです。

　「"その気"って、実際、どんな気になればいいの？」それについて、これから説明していきます。

知識だけではなんとかならないこともある

"その気"とは、「企業経営に関して興味を持ち、適切かつ必要な知識をどんどん吸収するぞ」という気ではありません。結果的にそのような気持ちが生じるかもしれませんが、それがメインではありません。

なぜなら、知識は確かに大事なのですが、すべてを知識でカバーできるかといえば、そうではないからです。

「ある程度の知識があるだけで、避けられるトラブルがある」ということはいえますが、「知識があればすべてのトラブルを回避できる」わけではありませんし、すべてのトラブルを避けることができればそれでいいのか？ というとそうではないからです。

「トラブルがまったくない職場」。確かに、毎日のようにトラブルがある職場に比べればよさそうな感じがします。しかし、魅力ある職場かどうかは、トラブルの頻度と大きさで決まるということではないはずです。トラブル続きの会社は不安定そうですし、ギスギスしている可能性が高いですから、あえてそのような職場を選ぶ人は少ないでしょう。とはいえ、トラブルはほとんどないけれど、毎日単調でちっとも楽しくないし、やりがいが感じられない職場も魅力に欠けますよね。

また必要な知識や、適切な知識というものは変化します。私たちの生活はどんどん変化します。同様に企業を取りまく環境も変化します。ですから、これまで必要であった知識が必要でなくなったり、適切であった知識が使えなくなったり、適切だと思って使ったらとんでもないことになったというようなことが起きる可能性だってあります。知識も変化していくのです。

知識というものは、すでに起きたことから得られた情報を整理したものです。したがって、その知識が得られたのと同様の場面なら活用することができますが、新たに発生したことに対してはそのまま使うことはできません。まったく新たなことが起きた場合、世界中のどこを探しても、適用可能な適切な知識がないということになります。

厳密にいえば、世の中にはまったく同じ状況というものはありえません。こういったことを前提とすると、知識の身につけ方や活用の仕方、さらには、知識そのものについてのとらえ方がちがってくると思います。

つまり、どのような場面や状況で「適切な知識といえるのか」という判断もセットになっていないと、有効に活用できないということです。この判断は、別の知識や経験によって行われるのです。

「ものの見方」が大切

では、いったいどうしたらよいのか？ 知識に加えて、態度が大事になるのです。そして、私たちの知識や態度は、私たちの**「ものの見方」**に影響されます。つまり、適切な**「ものの見方」**を身につけることが大切になるということです。

「ものの見方」とはどのようなものでしょうか。たとえば、「世の中なんでも競争だ！」という**「ものの見方」**があります。この見方を採用した人は、仕事でも勉強でも、かけっこでもゲームでも恋愛でも、なんでも「勝ち負けにこだわる」ようになるでしょう。

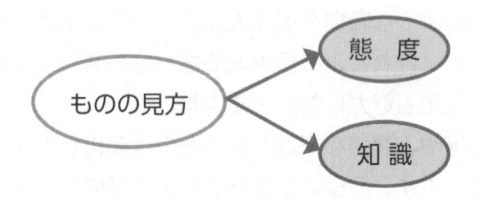

まわりの人は協力相手ではなく競争相手ですから、当然「敵対的」な態度をとるようになる。そうした態度でいれば、まわりと良好な関係を築くことはできません。競争的な態度からは「まわりの人たちを理解する」体験や「心温まる」体験は生じにくい。常に順位や勝ち負けといった、測定可能なわかりやすい結果しか求めない。また、そうした体験・経験から得られる知識は、必然的に勝ち負けや結果に関わることが中心となるでしょう。これではあまりに寂しいですよね。

繰り返しになりますが、私たちの**「ものの見方」**は、態度や知識に影響を及ぼします。では、みなさんにはどのような**「ものの見方」**を身につけてほしいのか、これから説明します。

Memo

「うまくいかないのは成長の機会」
というものの見方

　読者のみなさんに採り入れてほしいのは、「うまくいかないのは成長の機会である」という**ものの見方**です。この見方を採用すれば、これから私たちの身に起きる（体験・経験する）ほとんどのことを「成長する機会」にすることができます。つまり、何か適切な知識がないせいで、うまくいかないことが起きたら、それは「適切な知識を学ぶ機会だ」ととらえる、ということです。
　学ぶ機会とはイコール成長する機会です。

　この見方は、企業経営においても大きな影響力を持ちます。企業という組織は、一人ひとりの人間の集まりです。もちろん企業においては、立場上、経営者の**「ものの見方」**が最も大きな影響力を持ちます。しかし、たくさんの人が集まって成り立つのが企業ですから、そこで働く従業員一人ひとりの**「ものの見方」**も重要になってきます。

　「うまくいかないこと」があるのは、悪いことではない。能力的に劣るとか、足りないということでもない。負けということでもないし、ダメなのでもない。ただ「いまの自分にはうまく処理できないことがある」ということです。もし、上手になる価値があると思うのであれば、自分を成長させる機会と位置づけて、学習や練習をすればいいのです。
　たとえば、自社の財務状況に関するレポートの内容がさっぱりわからなかったとします（後輩に質問されたときに、答えられなかった場合、ちょっと恥ずかしく感じますよね）。そんなときは、「財務面の知識を整備する機会だ」ととらえる。ここで「うまくいかないのは、自分の能力が劣る証拠なんだ」という見方を採用してしまうと、「自分は能力がない」と落ち込むか、自分の能力が劣る証拠とならないように「いま、忙しいから、あとでね」とごまかすことになるでしょう。どちらにしても避けたい事態と

いえます。

> 問題：ないほうがよい 　……　解決し、なくしたいもの
> 機会：あったほうがよい……　生かし、膨らませるもの

　わたしたちは、「起きること」を選ぶことはできません。ただし、それをどうとらえるか、そのときどういう態度を取るかについては、選ぶことができます。「できれば避けたい問題」ととらえるか、「生かすことができる機会」ととらえるかです。この見方の違いによって、同じ出来事がまったく異なる意味を持つことになるわけです。

もうひとこと

　本書は「ハウツー」本ではなく、旅行ガイドのようなものだと筆者は考えています。「いろいろな**「ものの見方」**があるし、それは自由に選べる。そういう世界がある」。そこに興味を持ってもらい、行ってもらいたい。来てもらいたい。そういうことです。

　日頃から「どこかに行ってみたい」と考えている人には、「**「ものの見方」**を変える世界はいかが？」とオススメする役割。「自分探しの旅に出たい」という人には、「**「ものの見方」**を変えることが旅の一つです」と提案する。そういった感じでしょうか。

　筆者自身、まだまだ知らないことだらけですし、**「ものの見方」**も限られています。そんな人物が、知識や**「ものの見方」**の身につけ方について語るのは、ふさわしくないかもしれません。ですが、しばらく前に「この場所」にたどり着き、生活してみて、ここはいい！　と心の底から思えたのでそこに案内したい。それが「**「ものの見方」**を変える世界」でした。「一度行ってみるか」と思ってくれる人が一人でも多くいてくれればうれしいです。

前提となる態度・姿勢

「うまくいかないのは成長の機会」という**「ものの見方」**を採り入れると、身の回りで起きることへの態度、得られる経験・知識が変わり、見方どおり「成長」することができます。具体的にはこのあと、説明していきますが、その前に、この**「ものの見方」**を採用するための前提を確認しておきたいと思います。

読者のみなさんの中には、次のような考えをお持ちの方もいるのではないでしょうか？

- 「うまくいかないのは成長の機会」というけれど、うまくできないことは、どうせ次もうまくいかない
- これまでずーっと繰り返しうまくいかないことは、対象にならないだろう
- うまくいかないのはイヤだけど、うまくいったからといって、自分の成長につながるとは限らない

確かにもっともです。そこで、「うまくいかないのは成長の機会」という見方を、少し掘り下げて考えてみましょう。

この見方を簡単に図式化すると、次のようになります。

うまくいかないことがある
⬇
もっとうまくいく余地や可能性がある
⬇
もっと成長できる

このような流れが成り立つ前提とは、いったいなんでしょうか？　それは、「いまの自分がうまく対応できないことでも、自分が望めばできるようになる」ということです。

能力は伸ばすことができる、性格だって変えることができる、ということです。おそらく誰しも、小さい頃は信じて疑わないというか、疑いもし

ないことだと思います。しかし学校に通い、まわりと自分とを比較し、不得意なことや興味の湧かないことでも比べられて育つと、小さい頃のように、能力は伸ばせるということに疑いを持たないでいるのは難しいものです。

　もちろん筆者も、「100mを9秒台で走ることができるようになる」などといった能力の伸びが、誰にでも可能だとは考えていません。ただ「久しぶりに100m走ったら足がもつれ、まともに走ることができなかった」という人でも、その気になれば「まともに走れるようになる」ところにまではたどり着けるはずです。

　また、「望むだけでかなう！」とか、「心に描いたものはすべて引き寄せられる」とか、そういうことをいいたいわけでもありません。理解してほしいのは「自分の能力を伸ばすことなんて絶対にムリだ！」とか、「これは自分の性格なので絶対に変えることなんてできない！」とか、「いままで何度もやったけれどできなかったので絶対にムリ！」といった、頑なな**「ものの見方」**は捨ててほしいということなのです。

　「自分はそれほど頑なではない」と思うかもしれませんが、この見方はかなりまん延・浸透しているようです。

　さらに、「あきらめ」や「無力感」もじゃまになるものです。これらがあると「その気になれば成長することができる」というときの「その気になる」部分が失われてしまいます。

　今の世の中、企業にしても社会にしても、「競争」をやたらと強調するようになっていますからね。場合によっては家庭の中でも。自分の両親が猛烈に「競争」をあおるタイプだったりすることもあるでしょう。

　なんでも得意という人はそうはいません。にもかかわらず、多くのことで競争する。そうすると「スゴイやつがいるな。自分はダメだ。どんなにがんばってもあそこまではムリ」とあきらめる。読者のみなさんも、きっと何かの部分で無力感やあきらめを感じたことがあるでしょうし、いま現在もそういう思いの中にいるかもしれません。でも、きっと全部じゃないはずです。それは、この本を手に取りここまで読み進めてきたからです。いま、こうして読んでいるのは、いまの自分、そして、この先の自分に何かを期待しているからでしょう。決してあきらめてはいない。そうですよね？　その気持ちをぜひ大切にしてください。

この本がみなさんの**「ものの見方」**を増やし、柔軟になるきっかけになればいいなと願っています。

もうひとこと

　先ほどから「うまくいかないのは成長の機会」という**「ものの見方」**をオススメしていますが、それ以外にはどのような**「ものの見方」**があるのか？
　ここではあえて、筆者がオススメしない**「ものの見方」**を紹介しておきます。

- ものごとは、よいことと悪いことの2種類である
- 人間の才能はもって生まれたもので、(大きくは) 変わらない
- 人の運命はあらかじめ決まっている (変えようがない)
- 個人がどんなにがんばっても世の中にたいした影響を与えることはない
- 世の中、すべてが競争である

　これらがオススメではない理由は、「うまくいかないのは成長の機会」という**「ものの見方」**をじゃまするからです。みなさんは、自分がどのような**「ものの見方」**を採用しているか、考えたことがありますか？　もしないようであれば、この機会にぜひ、確認してみてください。

Memo

ものの見方が変わったら？

　これからいくつかの事例を使って、**「ものの見方」**が変わるとどのようなことが起きるのか説明していきます。

営業担当者のものの見方が変わったら？

　まず、Part 1 に登場した、営業部の担当者３人に登場してもらいましょう。場所は職場の近くの居酒屋、新人くんと先輩２人です。
　もし、先輩のうちの１人が「うまくいかないのは成長の機会」という**「ものの見方」**に変わったら、どのような展開になるのでしょうか？

STORY

後輩C：今週もまったく売れませんでした。いったいどうしたらいいんでしょう？
先輩A：なあんだ、そんなことか。そんなのオレたちもたいして変わらないよ。なあ？
先輩B：そうか。やっぱり困ってるんだよなぁ。
先輩A：オマエ、突然、どうしたんだ？
先輩B：オレも去年、コイツと同じような体験をしてたんだ。そのときの気持ちを思い出したんだよ。オレは営業の仕事が好きだったわけではないし、適性があるとも思っていない。何度もやめようと思ったよ。でも、やめたところでどうなる？　と考えるとやめることもできない。すっかり、ブルーな感じになったんだ。
　仕事にはなじめなかったけど、幸い先輩たちに恵まれて、職場にはなじむことができたんだ。それを思い出したんだよ。そしていま、これってチャンスなんじゃないかって思ってるんだ。
　職場だけじゃなくて、仕事もなじむようにしたい。というか、仕事ができるようになりたい。成長したい。あの頃と比べて自分の営業は成長したのか？　慣れただけなんじゃないのか？　確かに慣れはバカにしたものではないけど、慣れだけではどうにもならない。さっぱりレベルが上がった感じがしない。残念なことに、この自分の感覚はホ

ンモノなんだ。さっぱりレベルは上がらない。だって、上げるための努力を何もしてないんだから。同じことを毎日のように繰り返しているから、効率よくできるようになっただけなんだ。

　そして、新人が入ってきて、似たようなことを繰り返している。自分と同じような人が次々と生み出されている。これって成長するチャンスなんじゃないかって。

先輩A：なんで、それがチャンスなんだ？

先輩B：いいか、コイツやオレに起きていることは、オレたちのせいじゃない。そう思っている。そうだよな？

先輩A：そうだよ。だから、新人くんをこうして慰めているわけだろ？

先輩B：自分のせいじゃないって思っているから、自分たちは何もしない。

先輩A：何もってことはないけど、まあ、してないよな。飲んでウサを晴らすくらいだ。

先輩B：そうだろ？　だから、成長するチャンスがあるってことなんだよ、何もしていないんだから。その気になって自分が何かすれば、変えることができるってことだと思うよ。

先輩A：でも、どうして、そんなことするんだ？

先輩B：さっき言ったじゃないか。成長したいからさ。仕事ができるようになりたいからだよ。そうは思わないか？

先輩A：それはそうだけどさ……。

後輩C：ぼくはなりたいです！

先輩B：そうだろ？　営業部に配属されるやつの中には、営業の仕事が大好きというやつがいるかもしれない。営業という仕事が向いていると思っているやつがいるかもしれない。でも、営業部門がそんな人間だけで構成されることはない。特別好きじゃなくても、天職と思わなくても、適性があるかどうかに関係なく、現実に仕事しているわけだから、自分が成長するための手段として仕事を使うと考えればいいんだ。

　オレたちは、自分たちで自分たちのモチベーションを下げているんだ。すべての原因が外にあると考えていたけど、そうじゃないということさ。自分たち自身がその気になりさえすればいいってことだよ。

先輩A：それで？　具体的に何するんだ？

先輩B：そうだなあ。具体的な内容はこれからみんなで考えていけばいいと思うけど、やっぱり、社内教育のしくみがあったほうがいいだろう。

　知らないことばかりだし、自分がやっていることが妥当なのかどうかもわからない。他社の事例を研究したり、自分たちの営業の仕方をいろいろ変えて、試してみたり。そういったことを日常的にやっていくことが有効だろうな。

　新しい製品はどんどん出る。お客の状況もどんどん変わる。でも、変わらないところもある。そういったことを日々勉強していけば、営業という仕事を通じて自分を成長させることができるんじゃないかな。しかも、仲間といっしょに。

先輩A：でも、部長や社長はわかってくれないぞ、きっと。

先輩B：そうかもしれない。でも、部長が動かなくても、社長が動かなくても実現させられるよ。だって承認なんていらないんだから。

　誰が教えるかって？　自分たちだよ。自分にできなければできるやつを見つけ出してやってもらう。そのうち効果が出始めたら、会社もその気になるだろ。会社にとっても悪いことじゃないんだから。

　よし。そうとなったら、乾杯しよう。これから忙しくなるぞ。

先輩A：オマエ、やけにテンション高いな。ま、いいか。どうせいまの仕事にはアキアキしていたところだ。何かおもしろいことになるなら、協力するよ。ほかのやつらにも声をかけよう。じゃあ、カンパイだ。カンパーイ！

先輩B・後輩C：カンパーイ！

何が起きたのか？

　Part 1に登場した、やる気のなさそうな、あきらめムードが漂っていた営業部の3人。そのうちの一人が**「ものの見方」**を変えたことで、仕事のこと、仲間のこと、営業部全体のこと、会社のことに対する態度がずいぶんと変わったようです。

　Part 1の事例は極端な内容でしたが、ここでの内容も負けずに（？）極端です。「そんなことある？」という内容でしょう。それは認めます。あくまで作り話だろう？　そのとおりです。でも、「あるかも」とか「起きるかも」という印象も同時に持ったのではないでしょうか。どうですか？

　先輩Bの**「ものの見方」**は「うまくいかないのは成長の機会」というものです。営業担当者としての自分、そして新人くん、営業部、ポコポコ社、いずれもうまくいっていません。ということは、自分自身、ほかの営業担当者、営業部、会社全体に成長の機会があるということです。

　先輩Bが気づいたのは、次の3つのことです。

① うまくいっていないことがあること
② そしてそれに対して自分は何もしてこなかったし、していないこと
③ 自分は仕事ができるようになりたい、成長したいと思っていること

　彼は決してあきらめていたわけではありませんが、いまの状況は自分たちが作り出したものではない、自分たちのせいではない、という意識があったのでしょう。

　何をやってもダメ、何度やってもダメ、成果が上がらない、ということではない。何もしていない。それがわかった。その構造がわかった。結果に影響を与えることが原因であるのなら、自分たちは原因である。自分たちが変われば、自分たちを変えることができる。自分たちが変われば、自分たちの状況を変えることになる。だったら、やろう……。確かに相当極端な話かもしれませんが、素晴らしいことだと思いませんか？　そして、まったく実現不可能な話ではないと思いませんか？

もうひとこと

「会社は何もしてくれない」

　よく耳にするフレーズです。本当にそうでしょうか？　確かに「何かしてほしい」と要求したときに、こたえてくれないことはあるでしょう。でもそれは「何もしてくれない」ということではないはずです。「特定の何かをその人（たち）は、そのとき」しなかっただけです。

　たとえば、業務の必要性から社外で実施される研修を受講したいと上司に申し出たとします。上司は人事に確認してみると約束します。後日、「人事から、その研修は業務上の研修とは認められないという回答があったので、今回の受講はあきらめてほしい」と上司からいわれたとします。そのとき、「ウチの会社は社員のためには何もしてくれないんだ」という見方だと、「ああ、やはりそうか。予想はしていた」という反応になるでしょう。そして、あきらめる。

　でも、そうでないなら、「どのような場合だったら、外部の研修でも業務と認められるのか（実施する組織、研修内容、費用……など）」「人事部がOKであれば、課長としてはOKなのか？（それとも人事がOKしても、課長がダメと判断をする場合があるのか？）」といったことを確認し、なんとか受講する方法を探るでしょう。もちろん、どんなに手をつくしても結果が覆らないこともあるでしょうけど、具体的な事情や経緯がわかれば、会社という組織に対する理解度は上がります。

　たった一度あるいは数回のことで、「何でも」「いつでも」と一般化しすぎるのは、無力感やあきらめにつながります。さらに「してくれない」という言い方は、被害者っぽくなっていきます。「無力感でいっぱいの被害者っぽい人」になんてなりたくないですよね。

　相手が会社であるかどうかに限らず、「誰かが何かをしてくれる」ことを期待する生き方って、どうなんでしょう？

開発部長のものの見方が変わったら？

ポコポコ社では、戦略がめちゃくちゃなので、開発がうまくいってませんでしたね。そこで、今度は開発部長の**「ものの見方」**が変わったらどうなるか、見てみましょう。

STORY

〔開発部長と社長が新製品開発についてやりとりしている〕

開発部長：社長。新製品を中核製品に育てるという方針と戦略はよくわかりました。とてもいいと思います。われわれとしても開発に注力したいところですが、残念ながらそれはできません。何かをやめないと「注力」になりません。

　実はこれまでもずっとそうでした。社長を責めているわけではありませんよ。そうではなくて、いまはウチが成長するチャンスだと思うんです。ウチのような状況になっているソフト開発の企業は少なくないでしょう。たいていの開発部門は、会社の中でウチと同じような状況にあるでしょう。立場的に弱い、NOがいえない、慢性的に忙しい……そんな感じです。

社　長：ん？　部長、何がいいたいわけ？

開発部長：あ、申しわけありません。つい、力が入って、まわりくどい説明になってしまいました。

　ひとつ提案なのですが。開発の優先度のつけ方とか、それを業務部門を含め全社的に徹底させる方法とか、うまくいっている企業を調査・研究してみてはどうでしょうか？　もちろん、新製品開発の進め方なども含めて。

　世の中には優れたやり方をしているところがあるはずです。ソフトウェア開発をやっている企業に限らず、異業種まで調べてみましょう。とりあえず2週間、時間をください。私が一通りまとめます。かならず次回の会議に間に合わせますから。

社　長：調べるのはいいけど、開発はどうなる？　ストップするのか？

開発部長：いいえ。いまのところ私の思いつきのレベルですから。調査は私一人で行います。幸い私は、開発そのものにはタッチしていま

せんから、現状の開発に支障は出ません。とにかく２週間後に報告と提案をさせてください。お願いします。

社　　長：それはかまわないよ。ただし、提案どおりに変更するという約束はできないぞ。それでもいいのか？

開発部長：もちろんかまいません。そうなったら、さらに調査をしてまた提案しますから。

社　　長：おいおい、どうしたんだ？　なんていうか、いつもの……というかいままでのキミとはちがうな。

開発部長：そうかもしれません。でも、これは間違いなくウチにとっていいことです。

社　　長：そうか。キミのようなタイプの人間がそこまでいうと、妙に説得力があるな。よし。調査にあたってくれ。私がやったほうがスムーズにいくことがあれば、遠慮なくいってくれ。なんだかわからないが、期待してもいいような気がしてきたぞ。

開発部長：社長、ありがとうございます。必ずご期待を上回る変革にしてみせます。

何が起きたのか？

　ここでは、開発部長の**「ものの見方」**が明らかに違っています。「やってしまったこと」や「起きたこと」（過去のこと、過ぎ去ってしまったこと）には一切焦点をあてていません。もちろん現状を悲観しているわけではないし、問題（まずいこと）を先送りしてごまかそうとしているのでもありません。いま起きていることを「ほかでも起きている、当たり前のこと」としてとらえて、「それをいいほうに変えるためにどうしたらいいか」、そして「どうすればこれを機会として生かすことができるか」（今後のこと）にフォーカスしています。そして、「いますること」も提案しています。しかもそれを自分だけで行うので、仕事の調整もお金も不要ということですから反対する理由を見つけにくい内容です。

　さらに部長は、これからやろうとしていることがかならず成果をもたらすであろうことを、やる前から確信しているようです。これもとても重要

な要素でしょう。

　開発部はこれで変わる可能性が出てきました。少なくとも部長はもう変わっていますから。そうなれば、開発部のスタッフたちもきっと変わります。社長はもちろん、他の部長たちにも影響を与えていくことでしょう。

　たった一人の**「ものの見方」**が変わったことが、従業員100人の企業の経営を変化させることになる。**「ものの見方」**の力はたいしたものです。

もうひとこと

　「責めない」ということは大事です。もし部長が社長を責めたらどうなっていたでしょう。「なぜ、ムチャな戦略ばかり立てるのですか！　開発部の実情を考えてくださいよ！」というようにです（まあ、開発部長のキャラクターでは、それはなさそうですが……）。

　仮にそんなことをしたとしても、問題は何も解決しませんし、責められた社長は気分がよろしくないでしょう（激怒するか、落ち込むか、あるいはその両方か）。また責めたほうも、その瞬間こそ多少、スッキリするかもしれませんけど、「ここでこの人をこんなふうに責めたところで、どうなるわけでもない」ということはわかっているはずですから、責める前よりもどうにもならない感覚が強くなり、気持ち的には、よろしくないでしょう。ということは一方が他方を責めたことで、両方とも気分が悪くなります。それでも、なんらかの効果が得られるのであればそれもよし、ということになるかもしれませんが、おそらくそうはならないでしょう。

　もちろん、他人から責められたことがきっかけでよくなることはないというつもりはありません。筆者自身、責められたおかげで自分を見直し、修正できたことがいくつもあります。ただ、それは「責められなくても」できたことなのかもしれないのです。

　有効なのは、責めることではなく、理解し、共感・同調することです。

責める　　　➡　(-ω-;)
共感・同調　➡　(^ー^)

社長のものの見方が変わったら

ここまで、担当者と部長の**「ものの見方」**が変わるとどうなるかを見てきました。残るは社長しかいませんよね。では、**「ものの見方」**が変わった社長に登場してもらいましょう。

STORY

〔成長について、社長がスピーチをする〕

社　長：みんなに聞いてほしいことがある。きのうの夜、今日ここで話す内容についてあらためて考えてみた。最初は会社の成長について話そうと思っていた。みんなも知っているように、この会社はもともとは私と仲間の２人で始めた。ところがいろいろあって、一人になってしまった。でもそこから人数を増やしていって、いまでは100人を超える規模になった。だから、これからもどんどん大きくしていくよ！　って、まあ、そういう話をしようと思っていたんだ。

でも、よく考えると、人数は「増えてきた」のであって、増やしてきたわけじゃない。そこで考えた。

そもそもなぜ起業したんだろう？

大きな会社を作りたかったからか？　いやちがう！　ひとことでいえば、会社勤めはつまらなかったから。このままではイヤだ、好きなことをやりたいって思ったからだ。

ではいま、みんなはどうなんだろうか？　この会社に当時の自分と同じようにつまらなさを感じている社員がいるとしたら、そういう社員を作ったのは私だ。何も変わっていない。つまらないと感じないように、せっかく自分で会社を作ったのに、その会社がもとの会社と同じようになってしまうなんて……。

そこで考えたんだ。なにかワクワクするようなことをやろうじゃないか！　わが社がおかしなことになったとしても、残念ながら世界経済にも日本経済にもほとんど影響はない。もちろん、みんなの生活があるから、ムチャクチャやろうっていってるわけじゃない。でも、なんていうか、「こういうニーズがありそうだから、売れそうだから、それに合わせてソフトを作る」なんて、おもしろくない。そういうことなら、われわれがやらなくてもどこかがやる。だったらそういうことじゃなく、われわれしかやらないことをやろう。

うちはもともと、コンサルティングの会社だった。それがいまはソフト開発の会社だ。それがいいとか悪いとかじゃなくて、会社は変わるってことだ。なにもビジネスソフトの開発販売にこだわる必要はないだろう。人数や売上の拡大はどうでもいい。少なくとも目標にはしない。
　私は会社を立ち上げたときの原点に帰ろうと思う。私たちはまだ、コンサルティング会社でもある。そこで、このポコポコ社がクライアントだとして、自分たちでコンサルしてみようと思う。どういう選択肢があるのか、みんなは会社に何を求めているのか、教えてほしい。一人ひとりと話をするつもりだ。現在、ウチと付き合いのある会社の人たちとも直接話をしてみようと思う。
　これから半年の間に決着を着ける。どのようなビジョンを描き、そこにどうやってたどり着くか、実現するか、明らかにする。それは約束する。成長できる、そのチャンスだ！

何が起きたのか？

　ひょっとしたらこのスピーチのあと、「社長どうしたんですか？　突然！」なんて言葉が出るのでしょうか？　なんの予告もなく、社長からこのような話を聞かされたら、従業員のほうは気分が盛り上がる前に、不安になるかもしれません。「ウチの会社は大丈夫なのか？」とか、「気づかなかったけれど、相当マズイ状況になっているのか？」という雰囲気になっても不思議じゃないでしょう。

　特に「会社（仕事）は生活のための手段」と位置づけている人たちにとっては、不安に感じますよね。会社の仕事のよいところは、日々の仕事はつまらなかったり、ストレスいっぱいだったりしても「（高い金額ではないかもしれないけれど）毎月安定して金が振り込まれる」という点だと考える人だっているのでしょうから。

　この社長の話は、今後の具体的なビジョンとかではなく、方針を変えるものです。とはいっても、まだどうなるかは未定で、非常にあいまいなものですから、「どうなるのか？」「いつ具体的な変化があるのか？」「自分の身はどうなるのか？」といったことはまったくわかりません。その答えは半年後となるわけですが、それまでの間、なにごともなかったようにいままでどおりの仕事をしていていいのかどうか……。場合によっては「全部やーめた」ってこともあるかもしれない……。

　でも、社長の言葉には勢いがあります。自分の内側から湧き上がってきた力みたいなものを感じます。だから、きっと、いまより生き生きとした組織になるでしょう。

　　　「ものの見方」が変わると、見えるものがちがってくる。

　「ものの見方」を変えると、慣れ親しんだ自分の会社がこれまでとまったくちがったものに見えてくる。おわかりいただけたでしょうか。

もうひとこと

　一瞬にして、日常的な風景がこれまでとまったくちがったものに見える。そんな体験や経験をしたことはありますか？　こう書くと、いかにも筆者にそのような経験があるような印象を与えますね。残念ながら、私にはそういった経験はありません。しかし、ジワジワっとくるタイプの変化を感じたことはあります。

　以前はちがう見方をしていたんじゃないか？　と、ふと気づくときがあります。よく考えてみると、やはり以前はいまのような見方、考え方、態度をとっていなかったことがわかる。そんな感じの経験です。

　その中のもっとも大きな気づきが、「うまくいかないのは能力がない証拠」なのではなく、「成長する機会」であるという**「ものの見方」**への切り替えでした。

　この切り替えは一瞬で行われたのではありません。この見方を知り、この見方にあてはまる体験を何度かするうちに強化され、同時に「うまくいかないのは能力のない証拠」という見方が弱くなっていって、どこかの時点でメインの見方が入れ替わった……。そういう感じです。

　いまでは、オリジナルがさらに多少変化して「うまくいかないのは成長の機会。ただし、自分でそれを望む場合は」という見方を採用しています。機会として生かすかどうかは自分で選択できる。自分で決める。なんでもかんでも生かすわけにもいきませんからね。

コンサルタントはものの見方を変えさせるのが仕事

ここまでのおさらい

ここまでの話の内容を整理しておきましょう。

私たちの**「ものの見方」**は態度に影響を与えます。態度が変わると得られる経験が違ってきます。そして、新た経験から新たな知識が得られます。また、**「ものの見方」**についての新たな知識を得ることで、**「ものの見方」**を変えることもできます（本書はまさにそのためのものです）。

そしてもう一つ。自分は数ある**「ものの見方」**のうち、特定の限られた**「ものの見方」**を採用しているということ。自分の態度や事実の意味づけ、得られる知識は、自分が採用している**「ものの見方」**に影響を受けている（左右されている）ということです。よろしいでしょうか？

自分がそうだとすると、同じことが、まわりの人たちにもあてはまると考えるのが自然です。そして、自分とは異なる見方をしている可能性が高い。ちがうこと自体は、なんら問題ありません。相手がどのような**「ものの見方」**をしているのか、自分の見方とどのような点で異なるのか、という観点を持っていればいいだけです。ただし気をつけなければいけないのは、「自分と異なるので、相手はおかしい」という考えに陥らないことです。**「ものの見方」**は「正しい／正しくない」とか「よい／悪い」ということではないからです。

また、自分がどのような**「ものの見方」**を採用しているのかということを、私たちは（当然相手も）普段は自覚していない場合が多いということを頭に入れておきましょう。

企業についての見方もいろいろ

企業やその経営に関しても、数多くの見方が存在します。みなさんもいくつかお持ちだと思いますが、次に典型的なものをいくつかあげておきます。

■企業やその経営に関する典型的な見方

- 企業の目的は利益を上げることである
- 企業は株主のものである
- 企業は経営者のものである
- 企業は従業員のものである
- 企業が存在する意義は、社会貢献することにある
- 企業経営には倫理観が必要である（あるいは必要ではない）
- 企業社会は100％競争社会である
- 地域よりも、国よりも、企業が社会の主体である
- 企業には勝ち組と負け組があり、勝ち組だけが生き残るものである
- 企業には勝ち組と負け組があり、負け組は救ってあげる必要がある

どうでしょうか？　この中に自分の考えと合うものはありましたか？

当然、経営者はさまざまな見方を持っています。明確に意識し、それを前面に出している場合もあれば、表向きははっきりと出さなかったり、あるいは単なる飾りというか、インチキだったりすることもあります（たとえば「社会への貢献！」とうたっているような企業が脱税する……といったようなことですね）。

企業の経営は、こういった経営者の**「ものの見方」**に影響を受け、左右されます。もちろん経営者だけでなく、従業員のみなさんの**「ものの見方」**も影響し、左右されるのです。

「ものの見方」を仕事にしているのがコンサルタント

　Part.1に登場した小前田くんのような経営コンサルタントは、企業経営の成長の機会を見つけ出し、それを生かす案を考え、提案するのが仕事です。だとすると、コンサルタントは、経営者や従業員のみなさんの**「ものの見方」**を変えることや、新たな見方を加えることが求められる場合もあるはずです。

　たとえば、「企業の価値は株価で決まる。短期的な利益を重視」という見方をしている経営者に対して、「中長期的な視野で人材の育成を図る」ための方策を提案し、受け入れてもらうケースを考えてみましょう。人材の育成には時間を要します。また育成がどれだけ利益に結びつくのか、直接的な効果をあらかじめ明確に示すことは困難です。このような場合、提案内容を前面に出し、今後の経営における人材育成の重要性や必要性をいくら強調しても、経営者にはさっぱり理解してもらえない可能性があります。短期的な見方のままでは、人材育成は単なるコストアップとしか受け取られかねませんから。

　したがって、提案以前に**「ものの見方」**を修正してもらう必要があります。たとえば「株価は確かに企業価値を測定する重要な指標です。そして、投資家は短期的な利益はもちろん、企業が将来に向けて中長期的な観点から適切な投資を行っているかどうかも重視します。だからこそ……」といったような説明を行い、理解してもらうことが大切です。

　まず、相手の**「ものの見方」**に興味を持つこと。想定しようとすること。これが大事です。**「ものの見方」**は必ず態度に現れます。そして言動にも現れます。そこから理解しようとするのです。

　経営コンサルタントは、**「ものの見方」**の「洞察力」が求められる仕事といってよいでしょう。

　では、経営コンサルタントである小前田くんが、このようなスキルを持っていたらどうなっていたか、ちょっと見てみましょう。

STORY

（小前田と社長があるパーティで一緒になり、会話をしている）

小前田：なるほど。社長さんは、会社をどんどん成長させていきたいと考えているということですね。

社　長：まあ、どんどんということでもないけどね。でもまあ、2人で始めた会社が、いまは100名を超えるところまできたからね。

小前田：100名を超えたとなると、社員のみなさんの顔と名前をすべて覚えるというのも大変でしょうね？

社　長：そうなんだよ。本当にね。大変になってきたよ。でも小前田くん、どうして私が社員の顔や名前を覚えるタイプだってわかったのかね？

小前田：なんとなくです。少しお話をさせてもらえれば、相手がどのようなことを重視しているのかざっくりとですが想像はつきます。

社　長：そうなのか。じゃあ、私が重視していることについて、ほかにもわかることはあるのかな？

小前田：ええ。イメージは浮かんでいますよ。

社　長：そうなの？　じゃあ教えてよ。

小前田：そうですね。いま、お話ししたように、社長は従業員とのコミュニケーションを重視している。しかも、自分のほうから従業員のいるところへ出かけていって話をするスタイルが気に入っている。どうですか？　はずれていますか？

社　長：いや、当たっているよ！　スゴイもんだね。コミュニケーションまではいいとして、どうして「自分のほうから社員のいるところへ出かけていく」ってことがわかるんだい？

小前田：いえ、わかったというより、あくまでそういうイメージが浮かんだということです。びっくりするようなことではありません。いいですか？　いまこうして私たちが会話しているのは、社長がきっかけ作ったからですよね？

社　長：そうだったっけ？

小前田：そうですよ。「ここのハイボールはうまいかい？」って私に声かけてこられたじゃないですか。会話はそこからです。そして、ご自分のほうから自己紹介されて、私が何をしているのか質問された。

　この会場には社長と同じくらい有名だったり、おエライ方たちがた

くさんいるでしょう。そんななか、私のようななんでもない相手と会話している。しかもご自分から声をかけてこられて。だから、会社でも同じようにされているのではないか……。そう考えたわけです。

社　長：なるほどねぇ。

小前田：ところで社長、ひとつ質問してもよろしいですか？

社　長：ああもちろん。私が重視していることをいい当てたんだから。

小前田：ありがとうございます。では……。社長は社員との対話を重視している。したがって、社員のみなさんは社長の考えを理解していると思います。ところで、社員のみなさんのほうは、自分たちの考えをちゃんと社長に伝えていると思いますか？

社　長：社員のほう？　そうだねぇ。みんな気軽に話をしてくれているとは思うが。どうしてそんなこと聞くのかね？

小前田：少し気になったものですから。社員にとって、社長は絶対的な存在です。自分で立ち上げた会社をここまでの存在にしたのですから。まあ、乱暴な言い方をすれば、ポコポコ社は社長と"その他"で構成されている。

　もし社員のみなさんが、そういう意識だとすると、社長に従おうとするでしょう。そうすると彼らに意見を求めても、社長の考えに反対するとか、異なる方向の意見は言わないでしょう。しかしそれでは、せっかくコミュニケーションの機会を頻繁に持ったとしても、みなさんの考えを知ることにはつながらない、ということになります。

社　長：そういうことか。実際、そうなのかな？　そうなのかもしれないな。もし、そうならどうすればいい？

小前田：「みんなの意見がほしい」ということを明確に伝えていくしかないでしょう。何度も、何度も、繰り返しです。

社　長：そうか、よし。とても参考になったよ。小前田くん、どうもありがとう。そこまで教えてくれたんだ。今度ウチの会社に来てもらって実際に見てくれないかな。そのうえで、この件についてゆっくり話をしたい。どうかね？　細かなことは、あとで連絡するよ。

小前田：ありがとうございます。私がお役に立てるかどうかわかりませんが、それは次回お話したあとでご判断ください。連絡お待ちしています。

どうでしょう？　小前田くんの対応は？　ずいぶんと洞察力にあふれていますね。Part 1で営業部長のヒアリングを行っていた小前田くんとはまるで別人のようです。結局その場で、営業にも成功したようです。

　状況をより正確に把握するとともに機会を見つけるために、相手の重視する路線でツッコミを入れていく。相手の重視するもの、**「ものの見方」**がわかれば、仕掛けをするのはたやすいということですね。
　小前田くんの頭の中で起きたことを整理してみましょう。

何が起きたのか？

　小前田くんは、パーティ会場における社長の振る舞い、自分との会話から、社長の**「ものの見方」**は、「世の中はコミュニケーションが大事だ。会社経営においても……」であろうと読みました。
　さらに社長について、こんな読みをしたと考えられます。

- コミュニケーション上手だと自覚している
- 自分のほうからコミュニケートする機会を設けているし、話をしやすい雰囲気も自分が作り出していると考えている
- 自分と社員とのコミュニケーションは良好だと考えている

　しかし、この社長は創業者社長であり、2人で始めた会社を、100人を超える規模まで成長させた人物である。
　以上のことから、次の疑問が浮かんできたわけです。

- コミュニケーションの相手である社員のほうはどうなのだろうか？
- 結果的に社長は、「ワンマンな経営をしている」ことになっているのではないだろうか？

　だとしたら、ポコポコ社はコミュニケーションを良好にすることで「いまより成長できる」と見立てたということです。

相手を、相手の立場で理解しようとする。観察し、対話し、洞察していくことで、相手に成長の機会を見つけ出す。そのようなことが小前田くんはできているようです。

もうひとこと

ひょっとしたら、社長が小前田くんとこのパーティで出会ったのは、全社員の前でスピーチする直前のことだったのかもしれません。小前田くんとの対話で自分の**「ものの見方」**に注意が向き、自分の態度や考え方、これまでの対応などについてあらためて考えるきっかけになった可能性がありますよね。

自分は社員と十分にコミュニケーションをとっているつもりでいたけれど、社員にとっては、「社長の言うことや考えを聞かされる場」あるいは「社長の意見に賛同する場」になっているのではないか。結果的に社員のみんなは「自分の意見など求められていない」と感じ、毎日仕事をしている。そうだとすると、社員は「つまらない」と感じている可能性が高い。それはかつて自分が会社をやめようと思った状況と同じじゃないか。結局、自分は自分がいやがって飛び出した会社と同じような会社を作っただけということになっているのではないか……と。

「ものの見方」は、わたしたちの態度や考え方を左右していますから、ちょっとした見方の変更（気づき）が、大きな変化につながることがあるわけです。

誰もがコンサルタントである

コンサルタント的な要素は、なにも経営コンサルタントだけに求められるわけではありません。学校の先生やお医者さん、弁護士といった職業はもちろんのこと、さまざまな人に求められます。たとえば子供を持つ親なら、さながら育児コンサルタントということでしょうし、主婦のみなさんもコンサルタント的な側面を持って、夫や子供に接しているでしょう。つ

まり、誰もがコンサルタントなのだともいえます。
　コンサルタントとしての成功要件の一つに、**「ものの見方」**の洞察力があるのなら、私たちも、**「ものの見方」**に精通しておいたほうがよいということになりますよね。
　では一つ、例をあげてみましょう。
　「男は外見ではない！　内面で勝負」という**「ものの見方」**をしている男性に、1着20万円以上する高級スーツを販売したいと考えている紳士服店の店員をイメージしてみてください。その人にスーツの品質のよさをいくらアピールしても、きっと受け入れられることはないですよね。「お安くしておきます」などと付け足してもたぶんムダでしょう。ケチなわけでもがめついわけでもないのですから。
　この場合に、「お客様のような立場の方であれば、やはりスーツもよいものが自然です」とか、「内面は外見にも現れます。内面がしっかりしている人は外見も整っているものですから」と説明し、「内面のよさは外見でよけいに引き立つ」といった見方も加えることができれば、チャンスが出てくるかもしれません。
　見方を大幅に修正するというよりも、まずは、本人に新たな見方に気づかせてあげる。そしてその新たな見方は、自分にとっても有益であり、安全である、と感じてもらう。そして、それを受け入れてもらう。そんなプロセスが重要です。
　こういったときにいちばんスムーズなのは、相手が**「ものの見方」**を変えたと自覚しないようにすることです。つまり「もともと自分はそのような**「ものの見方」**も持っていた」と思わせた場合です。

　「ものの見方」を変えさせるためには、ほかにも必要なことがあります。その代表的なものが「論理的に説明する力と交渉力」です。なにしろ、クライアント（顧客）がきちんと納得し、やってみようという気になる提案をして、さらにその提案どおりに実行してもらわなければならないのですから。

論理的に考え方を示し、相手を導く

　先ほど、**「ものの見方」**が変わった開発部長の提案により、部長自身が2週間かけて調査・報告を行うことになりました。そこで調査するにあたって、社長はコンサルタントの小前田くんをサポートにつけました。もちろん、ここで登場する小前田くんは、**「ものの見方」**が変わり、なおかつ論理的に説明する力を持った小前田くんです。

　では彼らの会話を少し聞いてみましょう。

STORY

〔会議室で話す開発部長と小前田〕

小前田：だいたい状況は理解しました。それで、具体的には2週間でどのような調査をするおつもりですか？

開発部長：そうだね。まずは「開発」「成功」というキーワードで、調査対象を絞り、その中から、ウチが参考にできそうなものを抽出していこうと考えているんだ。社長にも説明したけれども、ソフト開発に限定せずに、ほかの開発、たとえば医薬品であったり、自動車であったり、とにかく幅広く視野に入れようと考えているよ。

小前田：なるほど。ほかの業界も含めるという方針はとてもよいですね。情報収集や分析は私の専門ですから、お力になれると思います。逆に私から一つ提案があります。調査対象に、あえて成功事例以外も含めるようにしませんか？　そうすれば、部長の報告の説得力をより高めることができると思います。

開発部長：というと？

小前田：簡単な話です。極端な例で説明しましょう。成功している企業10社を調査・分析したところ、10社とも「社長が開発部門出身者」だったとします。このことから「開発がうまくいっている企業は、社長が開発部門出身者である」というメッセージを読み取っていいのでしょうか？

開発部長：そうだねぇ……。そう言われるとなんか乱暴っていうか、単純に読み取ることはできなさそうだね。

小前田：そうです。そこで、失敗した企業についても調べてみたとします。結果失敗した企業にも「社長が開発部門出身」のところが多

かったとしたら、どうでしょう？

開発部長：ああ、そうか。わかった！　そういうことだったのか。だから、成功していない例も調査する必要があるということなんだね。

小前田：そういうことです。さらにやっかいなことがあります。仮に、失敗した会社は「社長がすべて開発部門以外の出身」だったことがわかったとしますよね。その場合、「成功するためには、社長は開発部門である必要がある」という結論になりますか？

開発部長：社長の出身部門が開発の成功・失敗になんらかの影響を与えることはあるだろうけど、それだけで決まるっていうのもねぇ。あ、そうか、ほかの点についても調べてみないと結論は出せないってことだね？

小前田：さすが部長。頭の回転が速い。まさにそういうことです。調べたことから、なにがしかの因果関係を抽出しようとすると、さらに、慎重にいろいろ検証する必要が出てきます。ソフトウェアにしろ、自動車にしろ、開発には数多くの要素が影響を与えるでしょう。それらが社長の出身部門だけに帰着するということを確認しないといけないということです。

開発部長：けっこう大変だ。2週間でできるかね？

小前田：もちろんできます。ただし、あくまで2週間後の報告の目標は、「この調査・分析を継続するＧＯサインをもらうこと」に絞った場合です。「続けるとおもしろそうだ。何かいいことが期待できそうだ」という感触を持ってもらえばいい。それだったら可能だと思いますよ。

開発部長：わかった。その線でいこう。よろしくお願いしますよ。

何が起きたのか？

　ここでも、小前田くんは、なかなかの対応ぶりを見せています。論理的に考える一つのポイントとして、「もれなく、重複なく考える」ということがあります。まず開発部長が調査しようとしている例で考えてみましょう。企業の中から「開発がうまくいっている企業」を抽出するということですが、これは企業全体の一部ということになります。

企業全体

- 開発がうまくいっている企業
- 何らかの開発を行っている企業
- 開発はそこそこの企業
- 開発で失敗している企業

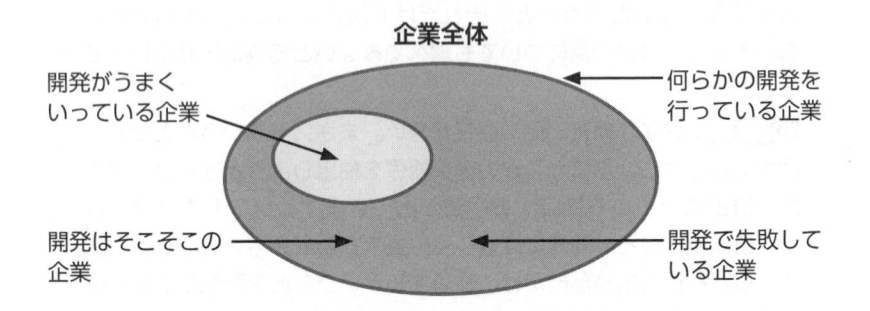

　図の内側の円に入る企業が「開発がうまくいっている企業」です。開発部長がやろうとしていたのは、この内側の円の中の企業群から共通する特徴を抽出することです。

　とはいえその特徴が、「うまくいっている企業」にだけあてはまることを明らかにしようとすると、そのまわりの「失敗している企業」や「そこそこの企業」にはあてはまらないことを確認する必要があることがわかりますね。これが小前田くんが説明していた内容です。

　当たり前といえば、当たり前のことです。しかし、開発部長はその当たり前のことに気づかなかった。どうしてそうなってしまうのでしょうか？理由ははっきりしませんが、「そうなりやすいから」ということはいえるでしょう。事実この手の話はよくありますから。

　「こうすれば儲かる！」という話はたくさん目や耳にしますね。あるいは何かのサクセスストーリーもそうですが、本もたくさん出ていますし、ネット上にも情報があふれています。

　それでは、とびきりインチキくさい例をみてみましょう。

宝くじに当たるのにも秘訣があった!?……

「私は宝くじにあたった。しかもこれまでに10万円3回、1,000万円1回、1億円1回。これらはすべて、月曜の昼休みに、立ち食いそばを食べた後、購入したものだ！ これが宝くじの必勝法だ！」

大変うらやましい話にも思えますが、整理して考えてみましょう。

- 買うなら月曜の昼休みだ（だってそのときに買って何度も当たっているんだから！）
- ラッキーメニューは立ち食いそばだ（やはり、そばは縁起がいいのか！）

となるわけですが……こんなの信じないでしょう？ でも、ちょっとはその気になります？「次の宝くじは、月曜の昼休みに買ってみるか……」となりますか？

まぁここまでひどくなくても、似たような話はゴロゴロしています。そういったものに共通する文脈は、次のように単純化できます。

① 成功した人が成功したから書いたものである
② その人が、やったこと、やらなかったことが書かれている

話の流れは、②に従うと①が起きたというタッチで書かれていることが多いです。それは②に従えば（月曜の昼休みに、立ち食いそばを食べた後、購入する）、あなたも①になる（宝くじに当たる）ということを期待させます。でも、そんなことが成り立つ保証はどこにもありませんよね。だって、①と②の間になんらかの関係があるということは示されていないのですから。

もうひとこと

"似たような話はゴロゴロ"と書きました。実は、筆者が仕事をしている資格試験業界というところは、このゴロゴロの原因になっているところでもあります。

たとえば、多くの資格試験の学校では『合格体験記』といった類のパンフレットを出しています。これは、「これから学習するにあたって、そのヒントとなることを得るため」に使えば有用でしょう。しかし「合格するための目安」を得ようとすると、使いものにならないのです。理由はもうわかりますね？

たとえば、「ある試験の対策にはどれくらいの時間がかかるか？」を知ろうとしたとします。掲載されているのは、合格者が試験までに費やした時間です。

　　　　合格者Aさん　2,000時間
　　　　合格者Bさん　2,200時間
　　　　合格者Cさん　1,800時間
　　　　合格者Dさん　1,500時間

どうです？　ここから目安を読み取ろうとすると、どんな感じになりますか？　数字だけから読み取ろうとすれば、「合格のためには1,500時間から2,000時間は必要だ」ってところでしょうか。

さて、ではここで、残念ながら不合格になった方たちの学習時間の情報も入手できたとします。

　　　　不合格者Wさん　2,000時間
　　　　不合格者Xさん　　200時間
　　　　不合格者Yさん　3,000時間
　　　　不合格者Zさん　2,200時間

どうでしょう？　これを合わせてみると、「少なくとも1,500〜2,000時間勉強すれば合格する」というメッセージを読み取ることはできなくなり

ます。むしろ、「時間数は合否の目安にはならないようだ」ということがわかってきます。確かに、「合否という結果はともかく、かなりの時間、勉強しないといけないようだ」という感覚を持つことは悪くないかもしれませんが。

「合格体験記」には当然ながら、不合格者の情報はありませんし、「資格取得を目指して学習を開始したものの、途中でやめた人たち」の情報もありません。そのような制約をわかったうえで利用することがポイントになります（だったら冒頭にでも、そのようなただし書きを加えておけばいいってことなのですが……）。

交渉力を発揮して、相手を導く

　コンサルタントは、相手が進んで提案を採用し（受け入れ）、実行するように物事を運んでいく。そのような状態を作ることが求められます。客を説得するわけではありません。特定の何かを売りつけるわけでもありません。相手がしぶしぶ提案を認め、採用したとしても、本気で取り組むことにはつながりません。それでは効果は望めません。当然ながら、効果が出なければ、コンサルの実績にはなりません。

　Part 1で紹介した、競馬の予想屋とコンサルタントの共通点の話を覚えていますか？　予想を買うのも、馬券を買うのもお客。はずれたとき損をするのもお客のほう。一方で、予想屋は予想を売った時点で予想代を受け取り、はずれたとしても損はしない。そう考えると予想屋だけがリスクのない商売をしているな、という印象を持ちますよね。でも、予想屋のおやじの話は、ちがっていました。

　おやじの話から予想屋とお客それぞれの状況を図で表すとこんな感じになります。

- ●予想屋
  お客に予想を売る ⇒ 予想当たる ⇒ 予想屋の評価高まる
    （お金入る）　　　 予想はずれ ⇒ 予想屋の評価下がる
- ●お客
  予想屋から予想を買う ⇒ 馬券を買う ⇒ 予想当たる ⇒ 儲かる
    （お金支払う）　　　（お金支払う）　 予想はずれ ⇒ 損する

　これを見ると、確かにおやじが言っていたように、予想屋のほうも予想がはずれたとき、「評価（評判）が下がる」という損があります。さらに、予想が当たっても、予想を買ってもらえないのなら儲からない。はずれのときとは反対に、予想屋としての評価（評判）が高まることは期待できますが。

　一方で、お客が「儲かる」ためには、予想を買うことに加え、当たり前ですが馬券を購入することが必要です。これを予想屋のほうから見ると、まず「誰かが自分から予想を買い、予想を信じて馬券を買い、しかも予想が当たる」ということが起きた場合のみ、自分のお客が喜ぶ状況が生じるということになります。これは、コンサルタントと同じですね。もちろん、馬券を買わなくても、レースは行われ結果が出ますので、予想の当たりはずれはお客に伝わります。この点は、コンサルタントとちがいます。残念ながらコンサルタントの場合は、誰かが自分から提案を買い、提案を信じて実行した場合だけ変化が起きますから。

　とにかく、予想屋にしてもコンサルタントにしても、お客にいいことが起きることは、自分にとってもいいことであり、損失が発生した場合には自分にとっても損なのだということをお客に理解してもらうことが前提になるということです。

　そのうえで、お客に説明するときの有効な方法として「交渉」があります。「コンサルタント」「交渉」というと、「相手をいいように丸めこむ」とか、「強引に説得する」「だます」といったイメージがうかぶかもしれませんが、そうではありません。

　交渉とは、まず、目標を明確に設定し、それを実現するための相手との共通の利害を探るという一連のプロセスなんです。

交渉の第一歩 = 目標の設定

そういえば、ポコポコ社の社長は、創業時はコンサルティングをメインにしていたようですが、もしも立ち上げ直後、当時の仲間ともめてしまったときに、社長がこのスキルを身につけていたらどうなっていたか、見てみましょう。

STORY

〔創業時のポコポコ社のオフィスにて〕
（客先のところへ出かけようとする社長）

当時の仲間：ちょっと待てよ。オマエはいつから営業専門になったんだ？
当時の社長：えっ？

（社長は、その瞬間、相棒のただならぬ気配を感じ取った。そこで、訪問する予定だった顧客にその場で連絡を入れて、今日の訪問をキャンセルした）

当時の社長：少しいいかな。話をさせてくれ。
当時の仲間：大事な客との約束だったんだろ？　ドタキャンしていいのかよ。
当時の社長：いま、聞いたとおりだ。今日は都合が悪くなったと連絡した。こっちのほうが大事だからな。まず、確認させてくれ。オマエは少なくともいまは、オレといっしょにこの会社を運営することがおもしろくないと思っているのかな？
当時の仲間：そうだよ。さっき言ったろ。出ていくつもりだ。
当時の社長：そうか。オレはそれほどイヤな思いをさせてしまっていたわけだ。申しわけない。教えてくれないか。オレのどこがどうダメなんだろう？
当時の仲間：なんでもオマエが勝手に決めるだろう。オマエがやることを決めると、残りはオレしかいないわけだから、オレがやることが決まってしまう。ずっとそのパターンなんだよ。逆がない。相談もな

い。そして、いつもオマエが先だ。

当時の社長：なるほど。そうだね。確かにそうかもしれない。そうだとしたら怒るのも無理はない。じゃあ、どうだったらいいんだろう？　どう決めればいいんだろうか？

当時の仲間：え？　どうって？

当時の社長：オレは自分のやるべきことは決めたという自覚はあるけれど、オマエが何をするかまでオレが勝手に決めたつもりはなかったんだ。でも、オマエはそう感じていた。確かに２人しかいないから、一方がやることを決めると残ったほうも決まってしまうというのはわからないではない。では、そうだとしたら、どうすればいいんだろう？　オマエには何かアイデアがあるんだろう？

当時の仲間：アイデアって……、特別何かあるわけじゃないさ。ただ、おもしろくなかっただけだ。

当時の社長：そうか。オレにもいいアイデアはないよ。でも、オレはオマエとこの会社を続けたいと思っている。オマエはどうなんだ？

当時の仲間：えっ？　そりゃあまぁ、続けたいさ。２人して好きで立ち上げたものだからな……。それに『出ていく』っていっても何するあてがあるわけじゃないし。

当時の社長：そうか。それはよかった。少なくとも目標は、はっきりした。あとはそれを実現する方法を見つけ出せばいい。オレたちはプロのコンサルタントだからな。これを仕事だと思えばいい。この状況に陥っているクライアントの軌道を修正する策を依頼されたという設定で検討してみるっていうはどうだい？

当時の仲間：それはいいね。でも、やっかいな件だからコンサル料は高くつくよ。

何が起きたのか？

どうでしょうか。Part.1とは、ずいぶんと違った展開になりました。こんな感じの展開だったら、当時の仲間はポコポコ社を出ていくようなことはなく、現在のポコポコ社はまったくちがった会社になっていたかもしれませんね。

それはさておき、せっかくなので、このときの社長の対応を整理してみましょう。まず社長は、当時の仲間の様子から、ただならぬことが起きていると感じ取った。緊急度もかなり高い。そこで、その場で仲間と交渉することを決めた。とても素早い判断です。

そして、まず交渉の第一歩である目標設定を行った。具体的には「2人で立ち上げた会社の軌道を正常な状態にもどすこと」です。たった2人しかいないうちの片方が、これだけただならぬ気配を感じさせる状態になっているということは、自分たちの会社の運営の軌道がずれているのであろう、と読んだのでしょう。

繰り返しになりますが、最初に「これから自分は、相手と交渉をするのだ」という認識と目標設定を行うこと。これが大事なところです。目標設定がないと交渉は始まりません。というよりも、始めることはできても終わりがなくなってしまいます。なぜなら、目標というのは「どういう状態になれば交渉は終わるか」と同じ意味を持つからです。

もう一つ大事なことは、「目標を達成するまでは、交渉は終わらない」という強い決意を持つということです。

瞬時にこう判断をした社長は、交渉を開始するために、迷うことなく約束していたお客に連絡を入れて、アポイントメントをキャンセルします。しかも、これを当時の仲間の目の前で行います。これで仲間も、社長のただならぬ気配を感じたにちがいありません。「相手は本気だ」という印象を受けたことでしょう。

当然、「少しいいかな。話をさせてくれ」と社長が言ったとき、100%集中して対応する気持ちになるでしょう。何しろ相手はお客との大事な約束をキャンセルしてまで「話をしよう」と言っているわけですから、こちらが「それよりも大事なことがある」というわけにはいかないです。そこから対話がはじまります。

> 目標設定 ⇒ 共通の目標であることを気づかせる

　社長は自分の考えを説明するのではなく、相手の状況を正確に理解するための質問を中心に会話を組み立てています。相手に教えを乞うスタイルで。言いわけや自分の正当性を主張したりしていません。相手はそうされることで態度を軟化させていきます。それを感じ取った社長は、「でも、オレはオマエとこの会社を続けたいと思っている。オマエはどうなんだ？」と、切り出します。これは相手に、この質問について考え、答えさせることによって「2人でこの会社を続けたい」という希望を自分も持っていることを確認させるためのものです。つまり、共通の利害があることを確認するための、とても重要な問いです。これに同意すれば、交渉の目標である「2人で立ち上げた会社の軌道がずれているなら、正常な状態にもどすこと」への具体的な検討を開始することができます。その後の会話の展開を見れば、早速そのための一歩を踏み出すことができたようです。

　コンサルタントは、相手が進んで提案を採用し（受け入れ）、実行するように物事を運んでいく、そのような状態を作ることができれば、それがベストです。そのためには、こういった交渉についての知識と実践力が求められます。

もうひとこと

　大変ありがたいことに、交渉は自分自身のマネジメントにも有効です。なにしろ、私たちは一人ひとりが、複数の利害関係者（ステークホルダ）から構成されている集団（組織）と考えることができますから。ちょっとユニークな例をあげて説明していきましょう。

　朝、ねむいのでもっと寝ていたい。しかし、寝っぱなしも気分よくないし、やることはたまっている……。なんてことはありませんか？　このような状況になったとき、頭の中では、異なる希望や意見を持つ複数の人がいると考えることができます。

　自分A：仕事の疲れが溜まっている。休みの日ぐらいゆっくり寝てい

たい
自分B：だらだらずっと寝ているのはいやだ（先週も午前中寝ていたが、疲れが取れなかったうえに、午後からもスッキリせず、結局パッとしない休みになってしまった）
自分C：用事がいろいろ溜まっている。片づけないと

さて、この状況を交渉の場ととらえるとどうなるか？　先ほども説明したとおり、交渉ですから、まず「ここから交渉するぞ」という決意と、目標設定が必要ですね。自分と交渉する自分はいったい誰なんだ？　というややこしさを取り除くため、便宜上、「コンサルタントの自分」を登場させましょう。そのコンサルタントは、状況から判断し「有意義だと感じられる一日にしよう」と、目標を設定したとします。

コンサルの自分：どうやら、かなりややこしい状況のようですね。みなさんのお力になれると思います。みなさん、今日は私たちにとって大変貴重な休みです。私は、できれば有意義な一日にしたいと考えています。この点に関して意義はありませんね？
（一同意義なし）
コンサルの自分：ありがとうございます。それはよかった。私たちに共通の目標があることが確認できました。
　さて、そこでですが、いま、私たちにとって、大変望ましくないことが起きていることはわかっていますか？
（一同黙ったまま）
コンサルの自分：Aさん、あなたはゆっくり寝ていたい。そうですよね？
自分A：そうだよ。
コンサルの自分：なるほど。今週はかなりハードな1週間でしたからね。疲れていますよね。でも、いまは横にはなってはいますが眠っていないし、気分もよくないでしょう？「起きたほうがいい」とか騒いでいる人がいますからね。
自分A：まったくそのとおりだ。
コンサルの自分：わかります。ではBさん、いま、何かしていますか？

自分B：してないよ。ダラっと横になっているだけだから。
コンサルの自分：そうですよね。この状態は続けたくないですよね。先週と同じになってしまいますから。
自分B：そのとおりだ。
コンサルの自分：わかります。Cさん、いま、何かの用事は片づいていますか？
自分C：そんなわけないだろ！　何もしていないんだから。
コンサルの自分：そうですよね。わかりました。つまり、みなさんはいま、誰も望んでいないことをやっているということですよね？
（一同、きょとんとしながら黙っている）
コンサルの自分：誰も望んでいない時間がこのまま続くということは、貴重な一日をどんどんムダにすることになります。これは私たちの共通の目標に反します。なにしろ、ぐずぐず考えているだけですから、眠ることもできず、だらだらしているわけだし、用事も片づかない。だから、この状況は、私たちにとって望ましくない。そうですね？
（一同、同意）
コンサルの自分：わかりました。そこでひとつ提案です。これは私たちみんなの希望をかなえる提案です。
　「とっとと起きだして、午前中、用事を片づける。そして、スッキリしたところで、ゆっくりお昼を食べる。そして午後、寝たいならたっぷり昼寝する」
　どうです？　これなら、午前中だらだらしないし、用事も片づくし、スッキリします。しかもスッキリしたあと、いい気分でお昼寝もできますよ。どうでしょう？
自分A：それなら、とっとと始めて、昼寝しよう！
自分B：よし、それならやろう！
自分C：OK！　てっとり早く片づくことからやってしまおう！

　まあ、こんなイメージです。
　冗談っぽい印象を持たれたと思いますが、これは筆者の中で何度も実証済みの事例です。さすがにいまでは、こんなめんどうなことしなくても、朝はスッキリ起きて活動を開始し、午後は昼寝したければするというパタ

ーンに持ち込むことができます。もちろん、いつもうまくいくというわけではありませんけど。

　もし似たような状況を繰り返している方がいらっしゃったら、ぜひ、お試しください。

コンサルタントに興味が湧いてきた？

　さて、ここまで**「ものの見方」**について、そして、**「ものの見方」**が変わるとどのような変化が起きるかについて紹介してきました。「うまくいかないのは成長の機会だ」「自分はその気になれば成長できる」という見方を受け入れられましたか？　おそらくできたと思います。なぜかというと、みなさん自身がこれらの見方をすでに持っていたからです。この本を手に取り、ここまで読み通すようなみなさんですからね。自分は成長できると考えていたはずです。

　それともう一つ。「自分は何がしかのコンサルタントなんだ。コンサルタント的なことをやっているんだ」という点は受け入れてもらえたでしょうか？　こちらもぜひ、そうであってほしいと思います。

　さて、つづく Part 3 では、ここまで取り上げてきた知識や態度、**「ものの見方」**、論理的に説明する力、交渉力といったものを身につける手段として、資格試験が効果的であるというお話をします。

Memo

Part 3

成長するための手段としての資格試験

ものの見方をどうやって
身につけるか？

　Part 2では、「ものの見方が大切である」という話をしました。そして、ものの見方や、知識、態度によって、仕事の仕方や職場の状況がまったくちがったものになる可能性があるという説明もしました。
　そこで次は、**「ものの見方をどうやって身につけるか？」**という点について、説明していきたいと思います。
　とはいっても、これから紹介するのはあくまで"一つの方法"ということであって、「これしかない」とか「これが一番！」「こうすればかならずうまくいく」ということではありません。
　もちろん、「まったく根拠がない」というわけではありません。実際に、筆者自身が経験したこと、そして講師という立場で、多くの受講生と接してきた経験から得たことをもとにした内容だからです。
　ここで紹介するのは、**「試験は、手段として使うこともできる」**というものです。これもまた、**「ものの見方」**と関係しています。

　筆者は高校、大学の入試、そして就職後にはいくつかの資格試験や能力認定試験を受けてきましたが、それぞれの場面で、「合格が目標」という見方しか持っていませんでした。「合格という結果」や「合格するための効率よい対策」ということしか頭にありませんでした。その結果、単にそれだけの経験になってしまいました。試験に向けて勉強している間は、ちっとも楽しむことができませんでした。いかに少ない時間で最大の効果を出すか、という点にしか興味がないのですから、勉強している内容そのものに興味を持つということもありませんでした。
　しかしその後、講師となり、試験を受ける人たちをサポートする立場で長いこと仕事をしているうちに、本当にいろいろな人たちがいて、いろいろな見方をしているということがわかりました。
　というわけで、これからお話しする内容は、筆者が多くの受講生のみな

さんから学んできたことです。

中小企業診断士という資格試験

本書はハウツーものではなく、旅行ガイドのようなものだという話をしましたから、ここは一つ、旅行ガイド風に紹介してみましょう。

【名称】
中小企業診断士試験
【受験者数】
毎年２万人程度（学生から70代の方まで、幅広い年齢層の方が受験しています）
【資格の特徴】
"ビジネスパーソンに取得させたい資格ランキング"といったテーマの調査では、毎回上位にランクインする資格です。１番になることも珍しくありません。

この中小企業診断士試験には、さまざまな魅力があります。第一に、その出題領域の幅広さがあげられます。これは、いろいろな領域の知識に触れる機会があるということです。中小企業診断士試験は、第１次試験と第２次試験の、２段階選抜で行われます。第１次試験と第２次試験で、それぞれが異なる特徴を持っていることも魅力の一つです。

実際の試験についてご説明しましょう。

第１次試験では、企業経営に関連する領域を７つの科目に分けて学習します。これでもか！　というくらいの幅広さです。しかもそれぞれが、それほど浅くないのです。いわゆる"広く浅く"ではありませんから、「表面的な知識に触るだけなのでは？」という心配はありません。

ですから、この試験に合格することを目標として学習することで、企業経営関連の知識を、一通り身につけることが期待できます。と同時に、学習はかなりのボリュームになりますから、その過程で、知識の身につけ方も体得することができるでしょう。

続く第２次試験では、こういった知識に加えて、分析力や論理的に説明

する力が試されます。それだけに、この試験に合格すれば「一定程度以上の能力があるヤツ」と見られます。実際に、中小企業診断士試験は、企業の人事担当者などから高い評価を得ています。

そうはいっても、一般にはこの資格の認知度が高くないこと、また、知っている人から見て「学習量が多くて大変」「合格しにくい」といったイメージが強いこと、さらには「名称がちょっと……」と敬遠する向きもあり、受験者数はそれほど増加していません。これは言い換えれば、「穴場」スポットの一つということです。

いかがでしょう？　魅力を感じませんか？

次に、試験科目について、具体的に見ていきましょう。第１次試験は次の７科目から出題されます。

【第１次試験　試験科目】
●経済学・経済政策
マクロ経済学とかミクロ経済学という言葉を聞いたことがあるかと思います。まさにそれです。グラフや数式を使った理屈がかなり出題されます。理屈っぽいことには苦手意識があって、いままで遠ざけてきたという人にとっては、この科目の学習を成長の機会にすることができます。

●財務・会計
この科目の学習により、経営分析や売上・利益のシミュレーション、投資の評価や企業価値の算出といったことができるようになります。会計的な基礎がまったくなくても十分に対応できるので安心してください。やはり財務的な話ができる人というのは、社会人としてカッコヨイでしょう。

●企業経営理論
企業の戦略、組織、マーケティングについて学習します。本書のPart 1では、この３つの領域すべてを取り上げました。内容的にも興味が湧きやすいでしょうし、おもしろいのですが、試験問題はかな

り難しいです。学習を通じて主要な知識はもちろん、文章や文脈を読み取る力も強化できるでしょう。

● 運営管理（オペレーション・マネジメント）
製造業の業務に関する部分と、流通業系の業務に関する部分の２つから構成されています。"運営"とはオペレーション、つまり、工場や店舗における現場の仕事です。運営のしくみがわかるので、スーパーやコンビニに行くと、その裏側までが見通せるようになり、楽しめるでしょう。

● 経営法務
法律的な用語の使い方や、法の位置づけや考え方を理解することは、とても意義があります。中小企業診断士試験では主に、企業経営に関連性が高い会社法と、知的財産関連の法律から出題されます。財務会計とあわせて「数字と法律がわかるヤツ」に進化するチャンスです。

● 経営情報システム
「IT関連は生理的にキライ！」という人にとっては克服する機会にできます。なにせこの時代を生きるのにITが苦手というのは「カッコ悪い」だけではすみません。SaaS、ERP、RAM、SSLといった略語がうなるほど登場します。とはいえ、試験問題はシンプルですので、IT関連の知識を一通り身につけるよい機会になるはずです。

● 中小企業経営・中小企業政策
中小企業白書と中小企業向けの施策から出題されます。どのような目的によって、どのような施策が行われているのか、知ることができます。また、数多くの資料・データからポイントを読み取り、整理する力を伸ばすチャンスにもなります。

　中小企業診断士試験の７科目すべてに興味を感じるという方もいるでしょう。しかし、「７科目すべてすんなりと理解できる」ということはまず起きません。それゆえ、成長する機会が必ずあります。いやそれどころ

か、「成長しどころ満載！」といった感じになるでしょう。

さて、続いては第2次試験です。第2次試験では以下の「4つの事例」が出題されます。

【第2次試験　試験科目】
- 中小企業の診断及び助言に関する実務の事例Ⅰ
- 中小企業の診断及び助言に関する実務の事例Ⅱ
- 中小企業の診断及び助言に関する実務の事例Ⅲ
- 中小企業の診断及び助言に関する実務の事例Ⅳ

試験科目の名称を見ただけでは、さっぱりちがいがわかりませんよね。試験要綱には、第2次試験の内容について、次のような説明がなされています。

　筆記試験は、「経営革新・改善」、「新規事業開発（既存事業の再生を含む）」などの中から、次のように出題します。
・「組織（人事を含む）を中心とした経営の戦略及び管理に関する事例」
・「マーケティング・流通を中心とした経営の戦略及び管理に関する事例」
・「生産・技術を中心とした経営の戦略及び管理に関する事例」
・「財務・会計を中心とした経営の戦略及び管理に関する事例」

この4つが、それぞれ事例Ⅰ～Ⅳに対応しています。内容的なちがいはもちろんあるのですが、「第2次試験はテーマが異なる4つの事例が出題されるもの」という程度の理解でかまいません。どのような特徴があるのか、そして、この試験対策を行うことで何を身につけることができるのかについては、このあと、実際の試験問題を使って説明していきます。

何が起きたのか？

まずは、第1次試験の実際の問題を見ていきましょう。第1次試験問題は、全7科目が多肢選択（マークシート）方式で行われます。
「企業経営理論」の問題を使って、特徴の確認をしてみます。

さっそく、次の問題を処理してみましょう。内容がよくわからなくても、持っている知識を使って、正解と思われる選択肢を1つ選んでみてください。

〔企業経営理論　平成25年度　第1問〕
　経営計画の策定と実行について留意すべき点に関する記述として、最も適切なものはどれか。

ア　経営計画策定時に用いられる業績に関する定量的なデータを収集して分析することによって、新機軸の戦略を構築することができる。
イ　経営計画になかった機会や脅威から生まれてくる新規な戦略要素を取り入れていくには、計画遂行プロセスで学習が起こることが重要である。
ウ　経営計画に盛り込まれた戦略ビジョンは、予算計画や下位レベルのアクション・プランと連動させるとコントロール指針として機能するようになり、戦略行動の柔軟性を失わせる。
エ　経営計画の策定に際して、将来の様々な場合を想定した複数のシナリオを描いて分析することによって、起りそうな未来を確定することができる。
オ　経営計画の遂行を本社の計画部門と事業部門が双方向的にコントロールすることは、事業の機会や脅威の発見には無効であるが、部門間の齟齬を把握するには有効である。

どうでしょう？　なかなか選びにくいですよね？
企業の経営についてはかなり詳しいという方や、あるいは経営計画についてそれなりの知識があるという方であっても、問題を読み、判断することはそう簡単ではないと思います。ましてや知識はあまりない、難しい文章を読む機会もほとんどないという方ならば、5つの選択肢を読むだけで、すっかり疲れてしまったかもしれませんね。

この問題の正解はイです。

この問題で正解を選ぶことができる状態とは、どのようなものでしょうか？「どのような判断ができればよいのか？」とか、「そのための知識をどうやって身につければよいのか？」といった興味が湧いてきましたか？

◆判断基準となる知識を身につける

せっかくなので、この問題で問われている知識について説明しておきましょう。

各選択肢の内容について、具体的に検討してみることにしましょう。すでに正解はイだとわかっていますので、それ以外の選択肢はすべて不適切な内容ということになります。それを前提に、もう一度、それぞれの選択肢を見てみましょう。

ア　経営計画策定時に用いられる業績に関する定量的なデータを収集して分析することによって、新機軸の戦略を構築することができる。

どこが不適切なのでしょうか？　不適切だという前提でもう一度考えてみてください。きっとわかるはずです。

経営計画にしても戦略にしても、ここでは「企業全体の今後の方向を決めるもの」と考えてください。

どうですか？　そうです。「業績に関する定量的なデータを分析しても、新機軸の戦略は構築できない」ので不適切ということです。この理由を一般化すると「新しいことをやりたいなら、これまでのことをもとに考えてはいけないという基準（知識）に反するから」です。

この判断基準はどうでしょうか？　企業経営じゃなくてもあてはまることですよね。たとえば筆者が講師をやめて、何か新たなことをやろうとしたとします。そのときに、これまでの講師としての実績、年収、評価といったデータを眺めていても「講師以外のこと」で何がいいか、などということは導き出せないのは明らかですよね。

もちろん、「これまでの延長上のこと（戦略、経営）であれば、これま

でのデータをもとに作成できないわけではない」といえることも理解しておく必要がありますが。

では同様に、イ以降もざっと見ていきましょう。

イ　経営計画になかった機会や脅威から生まれてくる新規な戦略要素を取り入れていくには、計画遂行プロセスで学習が起こることが重要である。

　イが正解ですからこの内容は適切です。「計画の実行時点で想定していなかったことが起きたときは、起きたことから学び、適切に対応することが重要だ」ということです。どうでしょう？　これも当たり前といえば当たり前のことですよね。
　この判断基準から、たとえば「多少のことがあってもあくまで計画どおりに進める」や「（企業の経営は）計画どおりにはいかないものなので、計画など作成せずにその場で起きたことへの対応を重視する」ことは不適切であることはわかりますね？

ウ　経営計画に盛り込まれた戦略ビジョンは、予算計画や下位レベルのアクション・プランと連動させるとコントロール指針として機能するようになり、戦略行動の柔軟性を失わせる。

　「ビジョン」って日常的な会話にも出てきますよね。たとえば「私のビジョンは……」といった感じで。そのビジョンのことです。戦略は先ほど説明したように「今後の方向」のことです。したがって「戦略ビジョン」とは「ウチの会社をこんなふうにしたい」という"おおまかなイメージ"のことを意味しています。もちろん、おおまかなものですから、柔軟性はあります。したがってビジョンがビジョンである限り、柔軟性に欠けることはありません。何かと連動させたからといって、ビジョンそのものが変わるわけでも、別のものになるわけでもないので、柔軟性はあります。したがって、この選択肢も誤りだとわかるはずです。

エ　経営計画の策定に際して、将来の様々な場合を想定した複数のシナリオを描いて分析することによって、起りそうな未来を確定することができる。

　これも不適切な内容です。これはわかりやすいですね。「起こりそうな未来を確定する」ことなど誰にもできないですから。もちろん「起こりそうにない未来」のこともわからない。「何をしても未来のことを正確に予測することはできない」のですから不適切です。

オ　経営計画の遂行を本社の計画部門と事業部門が双方向的にコントロールすることは、事業の機会や脅威の発見には無効であるが、部門間の齟齬を把握するには有効である。

　この選択肢が不適切な理由は、「経営計画の計画部門と実施部門が、計画実施時にコントロールすれば、事業の機会や脅威の発見に有効である」からということです。この基準をもっと一般化すれば「計画の作成と実行においては、計画部門、実施部門ともに関与したほうがよい」ということになります。全社的なことを決めて実行するわけですからね。決めるときも実行するときも、関連する人たちは関与したほうがよい、という当たり前のことです。

　たとえば家族旅行をするとき、お父さんはお金を出して計画はするけど、一緒には行かない。お父さん以外の家族は、旅行の途中で何があっても計画にないことはしない。などというのはおかしいですよね。そういうことです。

◆ 一般化する

上記の問題を処理するのに使った判断基準を整理してみましょう。

> - 新しいことをやりたいなら、これまでのことをもとに考えてはいけない
> - 想定していなかったことが起きたときは、起きたことから学び、適切に対応するのがよい
> - ビジョンを実現する方法はたくさんある（柔軟性がある）
> - 未来のことは正確にはわからない
> - 計画は作成も実施も関係者がコミュニケートしながら行うとよい

　以上のようなことですが、どうでしょうか？　どれも「当たり前じゃん！」という印象を受けませんか？　その理由は、判断基準の内容を一般化したからです。一般化することで、企業の経営計画や戦略に関する知識ではなく、みなさんがすでに経験や体験から知っていることと重なったからです。ということは、新たな知識を習得するということは、これまで知っていることと結びつけることである、ともいえます。

　別な表現をすると、知識は一般化したものでないと、役に立ちにくいということです。しかも、一般化したものは、すでに知っていることにあてはめたり、加えたりすることで身につけることができる。つまり、特別覚える必要がないものも少なくない。すでに知っているものがかなりあるわけですから。

　ですから、この問題で正解できるために必要なことは、選択肢の内容を一般化し、自分が体験して知っている世界の事柄として理解することと、そのような一般化した知識（基準）で判断するということになります。

　言い方を変えれば、この問題は、経営計画の作成と実行だけにあてはまる知識を問うものではないということです。そもそも、テキストなどには、問題の選択肢についての具体的な内容はいちいち書かれていないわけですから、経営計画として説明されている内容を覚え、それを判断基準にして処理しようとしても難しいです。

「一般化」はとても大事です。「一般化しないままの知識」だとどうなるか、説明しておきましょう。
　たとえば、先ほどの選択肢アの内容で確認してみます。

ア　経営計画策定時に用いられる業績に関する定量的なデータを収集して分析することによって、新機軸の戦略を構築することができる。

　この内容を一般化せずに、経営計画策定の知識として以下のようにまとめたとします。

> ● 新機軸の戦略は、業績に関する定量的なデータの収集・分析によっては構築できない。

　当たり前ですが、この知識があればアの内容が不適切であるという判断はできます。
　では、次のような内容だったらどうでしょう？

　業績に関する定量的なデータに加え、定性的な情報も収集して分析することによって、新機軸の戦略を構築することができる。

　あれ？　業績に関する定量的なデータだからダメだったんだっけ？　定性的なデータを加えればいいのかな？　ということになりかねませんよね。
　個別のケースにしかあてはまらない知識では、ものすごくたくさん覚えなければならなくなります。まったく同じ選択肢が出題される可能性はほとんどありませんからね。
　では、もしも……

> ● 新しいことをやりたいなら、これまでのことをもとに考えていてはいけない

　という知識を使った場合はどうでしょうか？　この内容は、データの種類が定量的かどうかなど無関係です。そんなところは判断のポイントでは

ない。こちらを使えば一瞬で「誤りである」とわかりますよね。

　この「新しいことをやりたいなら、これまでのことをもとに考えてはいけない」という知識は、実際とても重要です。

　これは「バックミラーばかり見て運転はできない」と表現されることもあります。わたしたちが進んでいる道が、ずっとまっすぐ、あるいはこれまでと同じパターンの繰り返しで、なにも障害物がないのであれば、バックミラーだけを見て運転できるかもしれません。あるいは、スピードが遅いのならそれでもかまいません（ぶつかったら、そのときなんとかすればいいのですから）。でも、現実はそうではありません。かなりのスピードだし、先がまっすぐであるという保障も、これまでと同じということもない。通過した道よりも、目の前に広がる道のほうが大事です。

◆ツッコミを入れる

　仮にこの問題を二度やったとします。最初は正解できず、二度目も不正解。でもさすがに二度やったわけですから、「正解はイ」と覚えますよね。そして、三度目にやったら正解した。どうでしょう？　この一連の作業で何を身につけたことになるのでしょうか？

　残念ながら意味のあることはほとんど何もありません。何を覚えたのか？　経営計画に関する知識ではなく、「この問題の正解はイ」ということを覚えたにすぎません。当然、そんなことを覚えてもなんの役にも立たないですし、学習上の意味もありません。

　選択肢の内容を理解するためには、内容を覚えるのではなく「考える」ことが必要です。それには、「ツッコミを入れる」ことが効果的です。先ほどの問題を使って考えてみましょう。

ア　経営計画策定時に用いられる業績に関する定量的なデータを収集して分析することによって、新機軸の戦略を構築することができる。

　この記述が妥当（適切）であるといえるためには、どうあることが必要なのか、ツッコミを入れてみましょう。

- 「新機軸の戦略」は、業績に関する定量的なデータをもとに作成するものなのだろうか？
- 「戦略」は定量的なデータによって構築するものなのだろうか？
- 「戦略」は業績をもとに構築するものなのだろうか？

といった、選択肢の内容の正誤判断に直接関係するツッコミです。

- 「新機軸の戦略」ではない戦略はあるのか？　あるとしたら、それと新機軸の戦略とのちがいはなんだろうか？
- 業績に関する定量的データとはどんなものだろう？　業績に関する定性的なデータというものもあるのだろうか？　もしあるとして、それは経営計画策定には用いられないのだろうか？

といった正誤判断以前に選択肢の内容を正確にとらえるためのツッコミも有効です。

どうですか？　ツッコミを入れることで、より考えが進むというか理解が深まるような印象を受けませんか？

ツッコミというのは問いです。そして問いは興味、好奇心の表れです。推理小説にぐいぐい引っ張られるのは、犯人は誰か？　どういう手口なのか？　といった問いを抱くからですよね。勉強も同じです。わからないことが、やっているうちにわかるようになる。

推理小説は事件が解決してしまうとその事件への興味はなくなります。それはなぜか？　解決＝答え（犯人）がわかることだからです。一方で、私たちの勉強にはそのような答えがありません。何かがわかると、さらにもっとわかりたくなる。わからないことが増える。だから、勉強すると謎が増える。さらに複雑で興味深い謎が増える。楽しいと思いませんか？

一つの科目の、一つの問題の、たった一つの選択肢の内容でかなりくどくどした説明をしました。ひょっとしたら、「なんだかめんどうそうだな」とネガティブな印象を持った方がいるかもしれません。しかし、これはあくまで自分で選択する手段ですから。この手段を使えば、これだけのことを学ぶことができるという可能性の話です。自分が望むことをすればい

い。望むならやればいい。なにしろ、試験は手段なのですから。

ではもう一つ、第1次試験の別の科目を見てみましょう。「企業経営理論」とは大きく異なる特徴を持つ科目として、「経営情報システム」を紹介しましょう。

こちらも、まず実際の試験問題を確認してみます。

〔経営情報システム　平成25年度　第1問〕

業務におけるコンピュータの多岐にわたる利用では、日々発生する様々なデータは補助記憶装置に蓄積される。記憶したデータ量が補助記憶装置の記憶容量の許容限度を超える前に、その適切な増設を行うことが必要となる。

補助記憶装置の利用に関する以下の文章の空欄A～Dに入る用語の組み合わせとして、最も適切なものを下記の語群から選べ。

パーソナルコンピュータ（パソコン）に外部接続して利用する補助記憶装置として以下のものがある。
① ┃　A　┃や┃　B　┃をインタフェースとして利用するハードディスクやDVD装置
② LANに直接接続して利用する ┃　C　┃
　②の補助記憶装置には ┃　D　┃ を備える必要があるが、①の装置には必要がない。

〔解答群〕
ア　A：e－SATA　B：TCP/IP　C：NFS　D：DNS
イ　A：e－SATA　B：USB　　C：NAS　D：OS
ウ　A：IDE　　　B：USB　　C：UPS　D：NFS
エ　A：NFS　　　B：e－SATA　C：DWH　D：NAS

さて、どうでしょう？　読者のみなさんの中には、IT（Information Technology:情報技術）関連は生理的に受けつけないとか、ほとんど関わりをもったことがないという人もいるでしょう。そういう人は、クラクラするというか、ゲっとなっているかもしれません。でも一方で、「これ

ではマズイ」と心のどこかでは感じている。そういうみなさんにとってこの科目の学習はチャンスです。

　この問題の選択肢には計10種類の用語が並んでいます。これらすべてを知らないと正解できないのか、というとそうではありませんし、そのような状態を目指すのは得策でもありません。
　たとえば、10個の用語のうち、TCP/IP、USB、UPS、DWHの4つについては学習済みで、以下の知識をバッチリ持っていたとしましょう（この4つはかなりポピュラーなので、すでにみなさんも知っているかもしれません）。

> ■ TCP/IP　Transmission Control Protocol（TCP）/Internet Protocol（IP）
> インターネットが採用している通信の約束ごと（規約）
> ■ USB　Universal Serial Bus
> パソコンなどの情報機器（ゲーム機にもある）に周辺機器を接続するためのインタフェース
> ■ UPS　Uninterruptible Power Supply
> 無停電電源装置のこと。落雷や台風などによる停電や電圧の変動に備えるためのバッテリー
> ■ DWH　Data WhareHouse
> 「データの倉庫」。企業で発生するさまざまなデータを蓄積したもの

　この問題では、補助記憶装置とそれをパソコンに接続するためのインタフェースについて問われています。補助記憶装置というのは、HDD（ハードディスク）やフラッシュメモリなど、データを記録しておく装置のことです。また、インタフェースは機器同士の接続の仕様のことです。4つの用語の知識から、TCP/IP、UPS、DWHの3つは補助記憶装置でもなければ、インタフェースでもないことはわかります。
　さらに、問題の設定の文脈から、次のことを読み取ることができます。

　　空欄AとB　⇒　インタフェースである
　　空欄C　⇒　補助記憶装置である

以上のことを前提に、それぞれの選択肢について確認していきます。

ア　BがTCP/IPなのでおかしい（TCP/IPは通信の約束ごとであって、インタフェースではない）。
ウ　CがUPSなのでおかしい（UPSはバッテリーであって、記憶装置ではない）。
エ　CがDWHなのでおかしい（DWHはデータのかたまりであって、装置ではない）。

　イについては直接何もわかりませんが、ア・ウ・エの3つは不適切であると判断できます。よって、イしか残りません。ちなみにイのBはUSBです。USBはインタフェースなので、その点でも問題ありません。
　消去法は論理的に優れた方法というわけではありませんが、こういったポピュラーな用語の知識だけで正解を導き出せる場合があります。

◆対象を絞る

　対象を絞るというのは意外と難しいです。「何かを選ぶ＝それ以外は捨てる」、ということですから。たとえば、ランチに何を食べるか選択する場面をイメージしてみましょう。一度のランチに普通は何種類も食べたりはしません。たとえば「今日はカツ丼セットにしよう」と決めることは、「ラーメン＋半チャーハンセット」や「ロースカツカレー」を捨てるということになります。けっこう迷ってしまうこともありますよね。あきらめるものを選ぶのは難しい。
　しかも、勉強内容の選択にはランチの選択とは違った難しさがあります。ランチの選択では、がんばって3種類食べよう！　という人はいないでしょう。でも、勉強の場合はありえます。脳もおなかと同様にキャパというものが存在しているわけですが、どこかで「がんばれば、みんなできる！」といったようになりやすいのです。そうするとどうなるか？　ランチで無理矢理、カツ丼セットにラーメン＋半チャーハン、さらにロースカツカレーを食べた場面を想像してみてください。それと同じことが脳の中

で起こります。また、「すべて食べつくす」ことだけが目的になってしまい、おいしく味わう（知識として吸収する）どころではなくなってしまいますよね。

◆ 名称を大事にする

　IT系の用語を調べる際、ひとつ注意したい点があります。こういうものをインターネットで検索すると、だいたいウィキペディアやIT用語辞典がヒットします。便利な世の中なのですが、これはあまり有効な学習にはつながりません。

　みなさんは、中学や高校で英語の勉強をしたとき、辞書をかなり使いました？　使った人は多いと思いますが、最初から「英英辞書」は使いませんでしたよね？　知らない単語を調べてみたら、その単語の説明に別の知らない単語が多数出てくるわけですからね。調べてもわかりません。

　IT関連のことを学習したことのない人が、ネットで用語を検索すると、それと同じようなことになってしまうのです。

　それよりも、正式名称を正確に知ることです。正式名称のほとんどが英語です。先ほど例にあげた4つの用語について、正式名称を見てください。その際、もし英単語の意味がわからないもの、あいまいなものがあれば、その単語の意味を調べるようにするのです。

　仮にTCP/IPの【Transmission】という単語の意味がはっきりしなかったとしたら、この単語を辞書で調べる。そうすると、次のような説明があるでしょう。

　【Transmission】伝送・伝達

　なるほど。そうすると、TCP/IPは「伝送を制御する規約とインターネット規約」ということになります。これだと内容もイメージしやすく、記憶に残りやすいですよね。どうですか？　正式な名称（省略していない名称）を確認すると、だいたいそれがどのようなものなのかわかります。だから、正式名称の意味がわからないところを調べればよい。

　「調べることが大事」というのは、日本語についても同様です。知らない専門用語は調べますよね。でも知っている普通の（一般の）言葉はどうですか？　調べたりしない人が多いと思います。しかし、学習をするのであ

れば、日本語も調べると効果的です。たとえば、「学習」という言葉はどうでしょう。先ほど紹介した「企業経営理論」の本試験問題の選択肢にも出てきましたよね。

イ　経営計画になかった機会や脅威から生まれてくる新規な戦略要素を取り入れていくには、計画遂行プロセスで学習が起こることが重要である。

ちなみに辞書には次のような説明があります。

> 【学習】
> 1　学問・技術などをまなびならうこと。「―の手引」「―会」
> 2　学校で系統的・計画的にまなぶこと。「英語を―する」
> 3　人間も含めて動物が、生後に経験を通じて知識や環境に適応する態度・行動などを身につけていくこと。不安や嫌悪など好ましくないものの体得も含まれる。
>
> （三省堂『大辞林 第三版』より）

3の「経験を通じて知識や環境に適応する態度・行動などを身につけていくこと」あたりがイの内容の解釈としては、よさそうですよね。このように「なんでもない表現」について辞書を調べることで、理解が進みます。

第1次試験の科目について、もう1科目だけ確認しておきましょう。今度は計算処理が中心となる科目、「財務会計」です。

〔財務会計　平成22年度　第9問〕
　当期の売上高と費用の内訳は次のとおりである。他の条件に変化はないものとして、販売価格が1,700円に低下した場合の損益分岐点売上高の変化として、最も適切なものを下記の解答群から選べ（単位：千円）。

売上高（価格2,000円、数量400個）	800千円
変動費	320千円
固定費	360千円

[解答群]

　ア　－100　　　イ　＋80　　　ウ　＋100　　　エ　＋200

　損益分岐点分析をすでにご存じの方も、そうでない方もいらっしゃると思いますが、この問題から離れて、次の説明を読んでください。

　ラーメン1杯2,000円という、スペシャルなラーメン屋をイメージしてください。このラーメン1杯を作るのに必要な材料費（麺やスープなどの材料費）は、800円です。店のテナント料（賃貸料）が月36万円だった場合に、このテナント料分をカバーするためには、1ヵ月にラーメンを何杯売ればよいのでしょう？

　こういうときは、まずラーメンのことだけ考えます。

　このラーメン1杯売ったときの儲けは、2,000円－800円＝1,200円ですね。つまり、ラーメン1杯売るごとに1,200円儲かるということです。1杯で1,200円ですから、10杯で1万2千円、100杯で12万円……。では何杯で36万円になるか？　ということですよね。

　1,200円×　☐　杯＝36万円

　この　☐　を求めればよいわけです。360,000円÷1,200円＝300杯。ではこのときの総売上はいくらか？　価格は1杯2,000円です。それが300杯分ですから、2,000円×300杯＝600,000円（60万円）です。

　つまり、ラーメンを300杯売り60万円の売上があれば、36万円のテナント料をカバーできるということです。

　差額の24万円は？　そう、材料費ですよね。材料費は1杯あたり800円ですから、300杯だと800円×300杯＝24万円。

　ここまではいいですね？

　続きがあります。ラーメン1杯2,000円ではさすがに高すぎるということで、価格を1,700円にしたとします。同じラーメンを、価格だけ下げま

す。材料費は800円のままです。そうするとどうなるか？　残念ながら1杯あたりの儲けは、1,700円－800円＝900円と減りますね？

　1杯2,000円のときの1杯あたりの儲けは1,200円でしたから、材料費が変わらないので、その儲けから300円マイナスしても（1,200円－300円）、900円という儲けは算出できます。どちらでもいいです。

　テナント料は36万円のままです。では、1,700円にしたときは、何杯売ればテナント料を捻出できるでしょうか。

　900円×□杯＝36万円

　この場合の□は、360,000円÷900円＝400杯となります。400杯売ったときの売上はいくらになるか？　1,700円×400杯＝680,000円です。

　この売上を先ほどのケースと比べてみましょう。

2,000円のとき　▶　60万円
1,700円のとき　▶　68万円

　8万円（千円単位だと80千円）増えています。当たり前ですけれども、価格を下げて、1杯当たりの儲けが減った分、たくさん売らないと、もとが取れないということですよね。それだけのことです。

　さて、お待たせしました。ここで先ほどの問題を見てみましょう。

売上高（価格2,000円、数量400個）	800千円
変動費	320千円
固定費	360千円

「売上高」はわかりますね？　価格2,000円のものが400個売れたので、売上としては、80万円（800千円）になるということです。
「変動費」は変動する費用、「固定費」は固定的な（＝変動しない）費用と理解してください。先ほどのラーメン屋の例では、「材料費」が変動する費用、「テナント料」が固定的な費用です。

　この問題の変動費は32万円（320千円）です。400個分で32万円ですから、1個あたり800円（32万円÷400個＝800円）となります。以上のことがわかれば、ラーメン屋の例がピッタリあてはまることが理解できますし、当然、正解を選ぶこともできます。混乱してきたら、先ほどのラ

ーメン屋の例にもどってイメージしてみてください。
　では、理解しているかどうか確認してみましょうか？
　ラーメン屋のオーナーが、収入として月45万円欲しいと考えているとします。その場合は何杯売ればよいでしょうか？　ラーメンの価格は1,700円に下げたあとの状況です。
　先ほどの計算を前提に考えれば、400杯売ればテナント料（36万円）のもとはとれることがわかっています。新たに必要なのは、オーナーの収入45万円分の儲けです。テナント料と同じように考え、算出すればよいですね？
　45万円÷900円＝500杯です。これをテナント料分の400杯とあわせると、合計で900杯。
　もちろん、テナント料＋オーナーの収入を求め、まとめて計算してもかまいません。
　テナント料＋オーナーの収入＝36万円＋45万円＝81万円
　81万円÷900円＝900杯
　どうでしょうか？　それほど複雑ではありませんし、難しい考え方はしていません。

　しかし、算出式を覚えることで対応しようとした場合、ややめんどうなことになります。
　ちなみに算出式は、

　損益分岐点売上高＝固定費÷（1－変動費率）

となります。ここで変動費率＝変動費÷売上高です。
　この問題は、この式を使って算出することもできます。1杯2,000円のケースは、
　変動費率＝320千円÷800千円＝0.4
　損益分岐点売上高＝360千円÷（1－0.4）＝600千円
と処理できます。式に代入するだけで答えが出ます。
　ただし、1杯1,700円に下げた場合の計算は、ちょっとめんどうです。
変動費率＝320千円÷（1,700×400）＝0.470588……と、割り切れな

い数値になってしまいます。結果約679.2千円となります。

　本格的に学習する際に、この式の導出過程や考え方を理解していれば、たとえ割り切れなくても問題ないと判断できるわけですが、式を丸暗記しただけだと「あれ？　どこかでまちがえたかも……」となってしまう可能性があります。ですから、やみくもに覚えるという対策はいまひとつです。

◆説明できる状態を目指す

　勉強というと本を読んだり、講義（他人の説明）を聞いたり、問題集を解いたり、ノートやカードに整理して、繰り返し見たり（覚えたり）といったことをイメージするのではないでしょうか？　もちろん、それも悪くはありません。

　しかし、筆者がオススメしたいのは「声に出して説明する」ことです。さらによいのが「紙に書きながら、声に出して説明する」ことです。これは理解すること、覚えることに有効ですし、「覚えたかどうか」「理解したかどうか」、そして「使える知識になっているかどうか」を確認するためにも有効です。

　書きながら説明するということは、書く作業を行うと同時に、その内容を目で見ることになります。さらに声に出して説明し、その声を自分の耳で聞くことになります。これだけのことをすれば、記憶に残りやすい。そういうことです。

　試しに、先ほどのラーメン屋の話を説明してみてください。もちろん読みながら、見ながらの説明でかまいません。まずは理解すること、理解したことを確認すること。これが大事です。

　さて、次に第２次試験の紹介をしていきたいと思います。
　ここまでの内容は紹介といっても、学習そのものでしたから、かなり疲れているかもしれません。そういう場合は、続けて読まずここで休憩をとりましょう。

　それでは、まず第２次試験の４つの事例（科目）の中で、比較的わかりやすい事例Ⅱを使って、この試験の特徴を説明していきたいと思います。

〔平成23年度　事例Ⅱ　第3問〕
　Mメガネ・チェーンに対抗するために、市場浸透戦略を策定したいとあなたは考えている。どのようなプロモーション戦略が必要かを100字以内で説明せよ。

　問題文には「市場浸透戦略」と「プロモーション戦略」というのがありますが、わかりませんよね。これらの用語（概念）については、先ほど説明した第1次試験対策の「企業経営理論」で学習します。第2次試験は、第1次試験合格者が受けるものですから、「第1次試験の出題範囲についての知識はすでに持っている」という前提で作問されています。
　ここでは、第2次試験の特徴を説明したいので、これらの用語については、以下のようなものだと考えてください。

■市場浸透戦略……自社の商圏内の客を増やす策
　この事例では、B社というのが事例企業（主人公）で、Mメガネ・チェーンという競合が存在する設定になっています。ですから、B社が商圏内の客を増やす策とは、具体的には以下の3つになります。

　① Mメガネ・チェーンの客をB社の客にする
　② B社の客をMメガネ・チェーンにとられないようにする
　③ Mメガネ・チェーンの客でもB社の客でもない人たちを取り込む

■プロモーション戦略……客をつかまえる（つかまえておく）ための具体的な手段
　前述の「市場浸透戦略①～③のために、具体的に何をするか」ということだと考えてください。

　さて、これらの前提知識をもとにまず、問題本文を読んでみてください。もちろん、読む目的は、問題の解答のあたりをつけることです。

〔問題本文〕

　Bメガネは、現在の取締役社長が1959年（昭和34年）に設立した眼鏡専門店である。設立時に掲げた経営理念（お客様の満足、会社の永続、社員の幸福）に立脚したビジネスを今日まで継続し、着実な成長を遂げてきた。お客様の満足という経営理念のもとで、優れた品質と技術力によるお客様への最適な眼鏡の提供、徹底したアフターサービス（年に一度の定期点検など）、それに顧客データベースの構築を行ってきた。会社の永続という経営理念では、適正な利益を確保することおよび地域社会で信頼される会社を目指してきた。そして、社員の幸福においては、社員の成長が会社の成長であるととらえ、社員の活躍の機会を積極的に与えてきた。現在、資本金4,000万円、従業員80名（パート含む）、そして首都圏に5店舗、地方都市に5店舗となっている。

　眼鏡フレームと眼鏡レンズを合計した眼鏡小売市場は、ここ数年5,000億円前後の規模でほぼ横ばいの状況である。上場している上位5社の販売高を合計した市場シェアも30％弱で推移している。そのような眼鏡小売市場において、眼鏡一式を低価格で販売するディスカウント・ストアが売り上げを伸ばしている。3つの価格帯に絞り込むいわゆるスリープライス・ショップやすべてを単一価格で販売するワンプライス・ショップという新業態で急成長している。一方、眼鏡をファッション・アイテムと定義し、ファッション志向の顧客にターゲットを絞りセレクト・ショップといわれるような業態で成功を収めている新規参入者も存在する。

　マクロ的に見ると、わが国の総人口は減少することが予想されている。国の研究機関の調査によると、2005年と比較して、2025年における人口の構成については、15歳から44歳の人口の割合は減少し、45歳から64歳の人口の割合はほぼ横ばいで、65歳以上の人口の割合は増加することが推計されている。このように総人口は減少しても高齢化の進展とともに眼鏡を必要とする消費者はそれほど減少しないと考えることができる。また、低価格のみを重視する消費者がいる一方で、高価格でもファッション性を求める消費者も存在する。さらには、"モッタイナイ"意識のように良いものを長く使うという考え方が復活し、LOHASやスローフードから派生したスローライフというライフスタイルも登場してきている。

　Bメガネは、45歳から64歳の年代層をメイン・ターゲットとして、既製で

はなくオーダーメイドの累進、多焦点レンズを用いた眼鏡を主力商品として加工・販売を行ってきた。つまり、付加価値の高い眼鏡をマーケティングすることにより高い収益性を確保してきたといえる。定期的に行う顧客満足度調査でも高い満足度を維持し、再来客が70％以上という非常に高いリピート率を誇っていた。Bメガネを愛顧してくれる顧客がおり、伝道者としてBメガネについての肯定的なクチコミを行い、新規顧客を紹介してくれていた。社長は、生涯価値という考え方を早くから導入していて顧客管理を行ってきた。具体的には、コンピュータが導入される以前から、顧客一人一人についてオリジナルで考案したカルテを作成してきた。その顧客カルテには、レンズ・フレームなどの購買履歴や顧客のデモグラフィックな情報などのような基本的な情報ばかりでなく、その顧客が好きなことがらや嫌なことがら（たとえばスポーツ、歌手・映画・旅行など）についての情報が記載されている。単に、顧客カルテの「趣味」の欄に「旅行」と記載するのではなく、その顧客が「いつどこに旅行したか」などが詳細に記載され、次回来店した際には、さりげなくその話題に触れることを心がけていた。それらの情報は、顧客がフレームを選んでいる時や検眼している時に収集された。現在は、従業員が簡単に顧客のデータを検索できるようにコンピュータによるシステム化がなされている。

　また、従業員は視力測定に関する高い能力を有し、レンズあわせやフレームフィッティングなどについても高い技術を有している。従業員の離職率は低く、高い職務満足を感じている。充実した顧客データベースを駆使したサービスを提供し、従業員が顧客と関係性を高めるために、担当者を顧客が指名するシステムを導入している。他方、担当者が手書きの手紙を添えたＤＭを除けば、広告費は最低限に抑えられている。従業員は定期的にQCサークルのような小集団活動を行い、サービス品質の向上に努めている。眼鏡小売業界には、国家資格はまだ存在しないが任意の業界認定資格制度はあり、資格を有している従業員は多い。

　他方で、新規顧客の開拓が進まないという問題がある。Bメガネのなじみの客が伝道者として新規顧客を紹介してくれるケースも徐々に少なくなってきている。売上高はほぼ横ばいである。ロードサイドに立地している地方都市の店舗と比較して、首都圏に立地する店舗は、いずれも売場面積が狭く、フレームの品揃えは限定的である。また、勤続年数の長い従業員は、ファッションや流行には強い関心は持っておらず、若い従業員は少ない。社長はそろそろ地方都

市の店舗で店長を勤めている長男に社長を譲るべきか悩んでいる。
　このような状況下、昨年、眼鏡一式を低価格で販売しており、テレビで広告を行っているディスカウント型Mメガネ・ネチェーンが、地方都市に立地するBメガネの店舗の第1次商圏内に出店し、競争に巻き込まれることとなった。その店長は、社長の長男である。また、数か月後には、Mメガネ・チェーンがBメガネの本店の第1次商圏内に出店する計画があることがわかった。そこで、Bメガネの社長は、中小企業診断士であるあなたに診断と助言を求めてきた。あなたは、Mメガネ・チェーンと競合する地方都市の店舗の店長および従業員にヒアリング調査をするとともに、その店舗を愛顧する数名の顧客に対してグループインタビューも実施した。その結果、価格に魅力を感じてMメガネ・チェーンで購入したが、不満を持った消費者がいることが分かってきた。

　さて、全文を掲載しましたが、どうでしょうか？　なにか気になる記述はありましたか？　もしなにか見つけられたなら、たいしたものです。

◆問いを変換する

　試験は、与えられた問題に解答するという形式をとります。問い（問題文）は出題者が作成したものですが、出題者が私たちと同じ知識を持ち、同じ考えの持ち主である可能性はほとんどありません。ですから、出題者の意図とちがう解釈をしてしまう可能性があります。あるいは、要求していることがよくわからない、という可能性もあります。いずれにしてもそのようなことが起きると、その時点で正解するチャンスはほとんどなくなってしまいます。したがって、慎重に解釈することがポイントになります。
　ではどうすればいいか？　それは問いを具体化することからはじめます。わかりやすくする、つまり別の問いに変換するということです。先ほどの問題を使ってやってみましょう。

〔問題〕
　Mメガネ・チェーンに対抗するために、市場浸透戦略を策定したいとあなたは考えている。どのようなプロモーション戦略が必要かを100字以内で説明せよ。

下線部に着目してください。「対抗するため」は、解答内容の目的に該当するものであると判断できます。先ほどこの問題における市場浸透戦略は、以下の3つと考えてよいと説明しました。いずれも対抗策に該当しますね。

---

① Mメガネ・チェーンの客をB社の客にする
② B社の客をMメガネ・チェーンにとられないようにする
③ Mメガネ・チェーンの客でもB社の客でもない人たちを取り込む

　ということはこれら3つを想定した時点で、すでに次のような問いに変換する準備が、できているということです。

〔変換後の問い〕
　次の3つのうちのどれかを実現するための具体策を100字以内で答えよ。ただし、答えは1つであるとは限らない。

　「Mメガネ・チェーンの客をB社の客にする策」
　「B社の客をMメガネ・チェーンにとられないようにする策」
　「Mメガネ・チェーンの客でもB社の客でもない人たちを取り込む策」

　ここまで変換するだけでも、問題本文中から解答の根拠を見つけやすくなるでしょう。さらに、具体化してみましょう。「対抗するため」が目的だとすると、対抗のニュアンスが最も強い（直接的な）①がほぼ確実に含まれると考えてよいでしょう（①の観点がまったく解答に含まれない可能性は、ほとんどないと判断できます）。
　そこで、その①を使って、さらに問いを変換します。

〔さらに変換した問い〕
　現在Mメガネ・チェーンの客ではあるが、B社にスイッチする可能性のある客、すなわち、ニーズがB社の特徴にマッチするMメガネ・チェーンの客はどのような人たちか？　またその人たちに何をすればB社の客になるか？

といったように変換することができます。ではここから、問題本文中から見つけたい（特定したい）解答の根拠を整理してみます。

- Mメガネ・チェーンの特徴
- B社の特徴（Mメガネ・チェーンに比べてよいところ）
- Mメガネ・チェーンの客のこと

以上の3つを頭に入れて、もう一度P.173〜175の問題本文を読んでみてください。気になるところに下線を引くなど印をつけてみるといいでしょう。二度目ということもあると思いますが、探すものがはっきりしていると、見つかるものがちがってくると思います。

★ここから先の記述は、自分で上記の作業を行った後、読むようにしましょう。

ここでは、問いを変換すること（およびそのスキルを身につけること）の重要さを理解してもらうことを目的としています。その観点から、問題本文中の根拠にどれだけ気づきやすくなるか、実感してもらうことに焦点をあてています。

参考までに、どれくらい気づく可能性があるか以下に示しましたので、自分のものと比較してみてください。

- -

〔問題本文〕☆二重下線部分が着眼点に該当する可能性のある箇所です。

Bメガネは、現在の取締役社長が1959年（昭和34年）に設立した眼鏡専門店である。設立時に掲げた経営理念（お客様の満足、会社の永続、社員の幸福）に立脚したビジネスを今日まで継続し、着実な成長を遂げてきた。お客様の満足という経営理念のもとで、優れた品質と技術力によるお客様への最適な眼鏡の提供、徹底したアフターサービス（年に一度の定期点検など）、それに顧客データベースの構築を行ってきた。会社の永続という経営理念では、適正な利益を確保することおよび地域社会で信頼される会社を目指してきた。そして、社員の幸福においては、社員の成長が会社の成長であるととらえ、社員の活躍の機会を積極的に与えてきた。現在、資本金4,000万円、従業員80名（パート含

む)、そして首都圏に5店舗、地方都市に5店舗となっている。

　眼鏡フレームと眼鏡レンズを合計した眼鏡小売市場は、ここ数年5,000億円前後の規模でほぼ横ばいの状況である。上場している上位5社の販売高を合計した市場シェアも30％弱で推移している。そのような眼鏡小売市場において、眼鏡一式を低価格で販売するディスカウント・ストアが売り上げを伸ばしている。3つの価格帯に絞り込むいわゆるスリープライス・ショップやすべてを単一価格で販売するワンプライス・ショップという新業態で急成長している。一方、眼鏡をファッション・アイテムと定義し、ファッション志向の顧客にターゲットを絞りセレクト・ショップといわれるような業態で成功を収めている新規参入者も存在する。

　マクロ的に見ると、わが国の総人口は減少することが予想されている。国の研究機関の調査によると、2005年と比較して、2025年における人口の構成については、15歳から44歳の人口の割合は減少し、45歳から64歳の人口の割合はほぼ横ばいで、65歳以上の人口の割合は増加することが推計されている。このように総人口は減少しても高齢化の進展とともに眼鏡を必要とする消費者はそれほど減少しないと考えることができる。また、低価格のみを重視する消費者がいる一方で、高価格でもファッション性を求める消費者も存在する。さらには、"モッタイナイ"意識のように良いものを長く使うという考え方が復活し、LOHASやスローフードから派生したスローライフというライフスタイルも登場してきている。

　Bメガネは、45歳から64歳の年代層をメイン・ターゲットとして、既製ではなくオーダーメイドの累進、多焦点レンズを用いた眼鏡を主力商品として加工・販売を行ってきた。つまり、付加価値の高い眼鏡をマーケティングすることにより高い収益性を確保してきたといえる。定期的に行う顧客満足度調査でも高い満足度を維持し、再来客が70％以上という非常に高いリピート率を誇っていた。Bメガネを愛顧してくれる顧客がおり、伝道者としてBメガネについての肯定的なクチコミを行い、新規顧客を紹介してくれていた。社長は、生涯価値という考え方を早くから導入していて顧客管理を行ってきた。具体的には、コンピュータが導入される以前から、顧客一人一人についてオリジナルで考案したカルテを作成してきた。その顧客カルテには、レンズ・フレームなどの購買履歴や顧客のデモグラフィックな情報などのような基本的な情報ばかりでなく、その顧客が好きなことがらや嫌なことがら（たとえばスポーツ、歌

手・映画・旅行など）についての情報が記載されている。単に、顧客カルテの「趣味」の欄に「旅行」と記載するのではなく、その顧客が「いつどこに旅行したか」などが詳細に記載され、次回来店した際には、さりげなくその話題に触れることを心がけていた。それらの情報は、顧客がフレームを選んでいる時や検眼している時に収集された。現在は、従業員が簡単に顧客のデータを検索できるようにコンピュータによるシステム化がなされている。

　また、従業員は視力測定に関する高い能力を有し、レンズあわせやフレームフィッティングなどについても高い技術を有している。従業員の離職率は低く、高い職務満足を感じている。充実した顧客データベースを駆使したサービスを提供し、従業員が顧客と関係性を高めるために、担当者を顧客が指名するシステムを導入している。他方、担当者が手書きの手紙を添えたDMを除けば、広告費は最低限に抑えられている。従業員は定期的にQCサークルのような小集団活動を行い、サービス品質の向上に努めている。眼鏡小売業界には、国家資格はまだ存在しないが任意の業界認定資格制度はあり、資格を有している従業員は多い。

　他方で、新規顧客の開拓が進まないという問題がある。Bメガネのなじみの客が伝道者として新規顧客を紹介してくれるケースも徐々に少なくなってきている。売上高はほぼ横ばいである。ロードサイドに立地している地方都市の店舗と比較して、首都圏に立地する店舗は、いずれも売場面積が狭く、フレームの品揃えは限定的である。また、勤続年数の長い従業員は、ファッションや流行には強い関心は持っておらず、若い従業員は少ない。社長はそろそろ地方都市の店舗で店長を勤めている長男に社長を譲るべきか悩んでいる。

　このような状況下、昨年、<u>眼鏡一式を低価格で販売しており、テレビで広告を行っているディスカウント型Mメガネ・ネチェーン</u>が、地方都市に立地するBメガネの店舗の第1次商圏内に出店し、競争に巻き込まれることとなった。その店長は、社長の長男である。また、数か月後には、Mメガネ・チェーンがBメガネの本店の第1次商圏内に出店する計画があることがわかった。そこで、Bメガネの社長は、中小企業診断士であるあなたに診断と助言を求めてきた。あなたは、Mメガネ・チェーンと競合する地方都市の店舗の店長および従業員にヒアリング調査をするとともに、その店舗を愛顧する数名の顧客に対してグループインタビューも実施した。その結果、<u>価格に魅力を感じてMメガネ・チェーンで購入したが、不満を持った消費者がいることが分かってきた。</u>

文中の下線をつけた部分が、気づいてもいいところです。
自分の結果と比較してみましょう。その上で、次の説明を読みましょう。

- Mメガネ・チェーンの特徴
  眼鏡一式を低価格で販売するディスカウント型
  眼鏡小売市場は、眼鏡フレームと眼鏡レンズから構成される
  　⇒レンズだけ交換、フレームだけ交換というニーズには応えていない。
- B社の特徴（Mメガネ・チェーンと比較してよさそうなところ）
  優れた品質と技術力によるお客様への最適な眼鏡の提供
  　⇒必ずしも"一式＝眼鏡フレーム＋眼鏡レンズのセット"販売ではない。
  　（顧客にとって最適ということであるから、フレームはそのままでレンズだけ交換という販売も可能）
- Mメガネ・チェーンの客（B社にスイッチする可能性がありそうな客）
  価格に魅力を感じてMメガネ・チェーンで購入したが、不満を持った消費者がいる
  よいものを長く使うという考え方が復活
  　⇒気に入った眼鏡フレームを長く使いたい＝レンズは視力に合わせて交換したいという客は、Mメガネ・チェーンでは対応できない。B社にピッタリ。

「そんなところまで読み取らないといけないのか！」と思われたかもしれません。しかし、ここで取り上げたのはかなり「考察する」「推理する」という要素が強い問題ですから安心してください。すべての問題でこのようなことが必要なわけではありません。

でも、これって「おもしろい」と思いませんか？　もし、「なんだかめんどうだな」という印象を持ったとしても大丈夫。

めんどうに感じるというのは、「できるようになりたいけど、いまの自分はうまくできない」ということにほかなりません。つまり、成長する機会を見つけたということです（できないし、できるようになることに興味がないのであれば、めんどうだとも感じませんよね。やる必要がないのですから）。

ここまで、「問いを変換することで、根拠に気づきやすくなる」ということについて、実際の本試験問題を題材に、体験を伴うかたちで説明してきました。
　うれしいことに、このスキルは試験以外の場面、つまり、日常的な場面でも活用できます。誰かに質問したとき、トンチンカンな答えが返ってきた経験はありませんか？　反対に、誰かの質問に答えたら「いやいや、そういうことを聞きたいわけじゃなくて……」となってしまった経験ありませんか？　ありますよね。筆者にはたくさんあります。残念ながらいまだにあります。でも、減りました。特に仕事のことや重要なことに関しては、相手の質問を別の表現に言い換えて相手に確認する、文書であれば、慎重に解釈するため具体化してみる、自分が伝える立場のときは、できるだけ具体例を示し相手に伝わりやすくする、といったことをやるようになりました。

◆ 視覚化する

　私たちはイメージする生き物です。考えるという作業を行うとき、文字で考えているのではなく、イメージを使っています。ですから、文字を見てもさっぱりイメージが湧かないものについては、うまく考えることができません。
　中小企業診断士の試験問題は、基本的に文章（文字）だけで構成されています。図表が与えられることはありますが、数値情報がほとんどです。
　問題をできるだけ正確に理解するためには、その内容を具体化し、自分が理解しやすいように変換することがポイントになるという説明をしてきました。その作業は「考える」ということにほかなりません。
　「考える」には、文字で表現されていることを視覚化するのが効果的です。視覚化の例を、先ほどの第２次試験の問題を使って説明しましょう。

市場浸透戦略について
　具体的には、以下の３つになるという説明をしましたが、これはどうやると浮かびやすくなるでしょうか？

① Mメガネ・チェーンの客をB社の客にする
② B社の客をMメガネ・チェーンにとられないようにする
③ Mメガネ・チェーンの客でもB社の客でもない人たちを取り込む

　一定の商圏内にB社（Bメガネ）とMメガネ・チェーンが存在し、B社はその中でMメガネ・チェーンに対抗したい。それはどのようなイメージになるか？

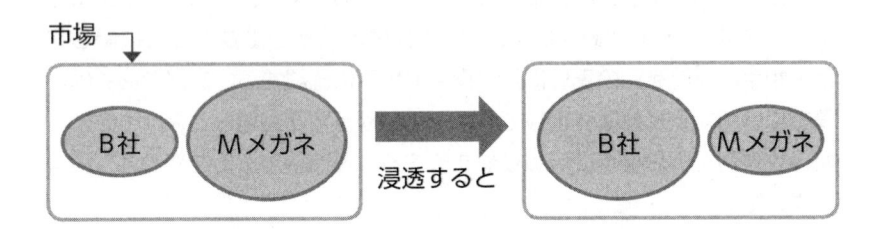

市場

B社　Mメガネ　→　浸透すると　→　B社　Mメガネ

　左が浸透する前、右が浸透後のイメージです。両者を比較すると、B社が大きくなり、Mメガネ・チェーンは小さくなっています。外側の囲み枠（市場）のサイズは同じままです。どうすればこのようになるのか？　これを考えてみてください。

③Mメガネ・チェーンの客でもB社の客でもない人たちを取り込む

①Mメガネ・チェーンの客をB社の客にする

B社　Mメガネ

②B社の客をMメガネ・チェーンにとられないようにする

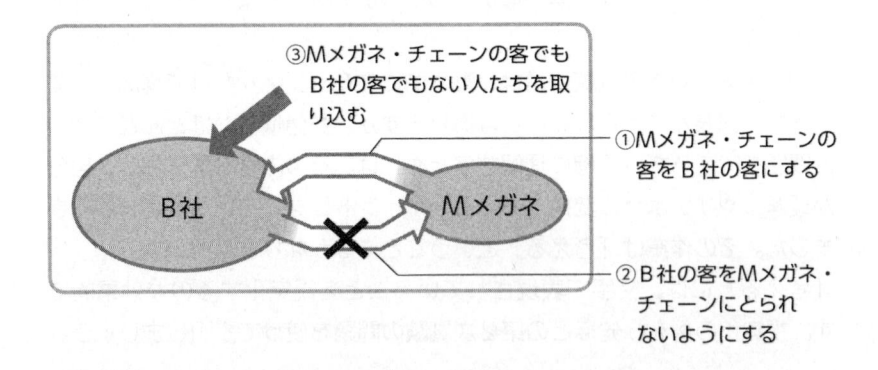

　図表が少しゴチャゴチャしていますが、文章だけの場合と比べると理解しやすくなりませんか？

> ### もうひとこと
>
> 　みなさんは、この本を読んでいるくらいですから、これまで数多くの本を読んだり、パラパラめくったりした経験があると思います。その中には、入門書的な本もあったと思います。たとえば「わかりやすい○○」といったタイトルがついているヤツです。そこで、ちょっとイメージしてください。
>
> 　その手の本をパラパラめくったとき、内容はどうなっていたでしょう？ 必ず、図や表、イラストなどが、文章内容を補足するかたちで示されていましたよね？　少なくとも文字だけで構成されていることはありませんよね？　つまり、文章内容を視覚的なイメージで補足することによって「わかりやすく」しているということです。
>
> 　しかし、残念ながら、すべての書籍や文書がそのようになっているかというとそうではありません。したがって、内容を理解するためには、わたしたち（読み手）のほうでなんとかする必要があります。
>
> 　幸いなことに（？）、診断士２次試験問題は、わかりやすくするための図表、イラストなどがありません。ですから、試験対策を通じて視覚化するスキルを磨く機会にすることができます。文章内容を視覚化する術を身につけていれば、これほど便利なことはありません。

　さて、次が最後の例題になります。
　第２次試験の事例の中で最も対応が難しい、事例Ⅰの問題を見てみましょう。
　まず、問題と解答例の内容を確認してみてください。

〔平成24年度　事例Ⅰ　第３問〕
　日本国内で重要保安部品を自動車メーカーに供給しているA社では、表面加工処理の自動化システムなどを開発し、品質の確保を図ってきた。しかし、東南アジアの中でも労働者がまじめで勤勉だといわれるS国の工場に、品質保証のためのシステムを導入したにもかかわらず、X社向け加工処理が主であるS国の工場を日本の工場の品質保証レベルにまで引き上げるにはかなりの時間がかかった。それには、どのような理由が考えられるか。120字以内で答えよ。

〔解答例〕
　進出当初、生産現場に精通していない人物が工場長であった可能性があり、その結果、品質の安定化に不可欠な現地従業員の品質保証に関する意識醸成や技能養成が進まず、国内とは異なる環境下での継続的なプロセス改善が十分に機能しなかったから。

　さて、いきなりだったので、スッとは頭に入ってこないと思います。順に見ていきましょう。まずは問題文です。

問題文から読み取れる制約
　労働者がまじめで勤勉だといわれるＳ国の工場
　　➡国内とＳ国における従業員の特性のちがいが解答として妥当性を持たないようにするための制約と考えることができます。
　品質保証のためのシステムを導入したにもかかわらず
　　➡国内とＳ国におけるシステムのちがいが解答として妥当性を持たないようにするための制約と考えることができます。

　以上のことが、解答を導き出す際の制約になります。いずれも、「これは解答には含まれていません」という制約です。したがって、これだけでは解答内容を特定することはできません。
　ここで、あらためて解答内容を確認しておきましょう。解答内容の論理的な構造は、次のように表すことができます。

解答内容の論理構造
　Ａ社の対応＝進出当初、生産現場に精通していない人物を工場長として配置した
　　　⬇　要件を満たすことができない … ✕
　品質保証レベルを上げるための要件＝継続的なプロセス改善
　従業員の品質保証に関する意識醸成や技能養成

　出題者は、自分が用意した解答を唯一論理的に妥当な解答にするため

に、以下の内容を問題本文中に示す必要があります。

① A社は、S国への進出当初、生産現場に精通していない人物を工場長として配置したことを示す根拠（時間がかかった原因は工場長にあるという解答内容だから）。
② A社はその後（ある程度の時間経過後）、生産現場に精通した人物に工場長をスイッチしたことを示す根拠（そのままの工場長では、時間がかかるどころではなく、国内と同等の品質保証レベルは実現しないという解答内容だから）。
③ 品質保証レベルを上げるための要件は、「継続的なプロセス改善」と「従業員の品質保証に関する意識醸成や技能養成」を行うことであり、ほかにはないことを示す根拠（工場長が生産現場に精通していない人であったことにより、その間は「継続的なプロセス改善」と「従業員の品質保証に関する意識醸成や技能養成」という要件を満たすことができなかったという解答内容だから）。

では、上記①〜③に該当する箇所を実際の問題本文から、見つけ出してみてください。

〔問題本文〕
　近年、わが国でも、業種・業態の違いや規模の大小を問わず、多くの企業が地球規模に事業を展開しようとしている。A社も、小規模ながら海外で事業を展開する企業のひとつである。
　A社は、資本金7,000万円、売上高40億円、従業員数109名（正社員43名、非正規社員66名）の金属製品の製造および金属の表面加工処理メーカーである。2008年秋のリーマンショックを契機とした世界金融危機の時には、主要取引先の営業不振の煽りを受けて、一時、売上・利益を大幅に減少させた。しかし、幸いにもその危機を乗り越えることができた。今では、当時を上回る売上となり、収益も2倍近くになっている。2000年代初頭には、取引先の自動車部品メーカーX社の強い誘いを受けて、経済成長著しい東南アジアのS国の経済特区に工場を建設し、海外進出を果たした。さらに、X社がすでに生産を開始

しているＴ国でも、工場稼働に向けて準備を進めている。

　Ａ社の主力事業は、自動車、家電製品などの部品に使用されるアルミニウム製パーツの硬度を高めたり、摩耗や錆を防ぐ表面加工処理事業である。かつては、テレビやラジオ、自動車などに取り付けるアルミニウム製のプレート（銘板）製造が主力であったが、今では、その売上も全体の15％程度になっている。Ａ社が表面加工処理事業を始めることになったのは、1970年代初頭、現在のＡ社の主要取引先である自動車部品メーカーＹ社が、部品の軽量化を実現するアルミニウム素材のパーツを求めてＡ社に接触したことに始まる。もっとも、一銘板メーカーに過ぎなかったＡ社に、表面加工処理に関する知識を持つ人材はおらず、アルミニウムの硬度強化技術はいうにおよばず、摩耗や防錆を確かめるための実験設備さえなかった。しかし、先代社長は、これを事業拡大の絶好の機会ととらえ、社運をかけてその技術開発に取り組んだ。Ｙ社の協力を得ながら数年間にわたって膨大な数の実験を行い、アルミニウムの表面に酸化被膜を生成し、実用化することに成功した。その後、Ｙ社の主導で、部品製造の前工程のパートナー企業や表面加工処理後の工程を担うパートナー企業との連携を強化しながら、自動車のトランスミッションやブレーキなど重要保安部品の事業基盤を固めてきた。

　1980年代、90年代を通して、自動車部品のパーツの表面加工処理だけでなく、ＯＡ機器や家電製品に組み込まれるアルミニウム部品の表面加工処理も受注するようになり取引先も増えた。2000年代になると、燃費効率の向上を求める自動車メーカーからの軽量化要請の下で、多くの部品メーカーがアルミニウム製部品を取り入れるようになった。そのことが追い風となって、同社の売上も伸張した。中でもＹ社関連の取引額が最も大きく、現在でも依存度が高い。
　多くの部品メーカーが重要保安部品を内製化している中で、Ａ社が取引先から高い評価・信頼を得ているのは、徹底した品質保証体制を確立したからである。人命にかかわる重要保安部品には、いかなる不良も不具合もあってはならず、常に製品に完璧さが求められるのはいうまでもない。Ａ社は、長年にわたって蓄積してきたデータを活用して、気温や湿度、一回の処理工程で加工する製品の数などの条件が変化しても、ある程度まで同品質の被膜生成を可能とする自動化システムを開発した。それを活用して高精度の加工処理と短納期化を実現した。もちろん、システムが完備されているからといって、それだけで求められる品質を完全に保証することができるわけではない。品質保証を万全に

し、完璧な製品を供給するためには、取引先企業の状況を考えた現場の絶えざるプロセス改善が不可欠であるだけでなく、製品の異常を発見することに対する意識の醸成やそれに即座に対処する能力を継続的に育成・確保していく体制が必要となる。

こうして信頼を得てきたＡ社は、自動車メーカーのグローバル化に対応して海外生産体制の強化を迫られたＹ社をはじめとする自動車部品メーカーから、幾度となく経済的支援を前提とした海外進出を打診されてきた。しかし、それがなかなか実現しなかったことから、Ａ社は国内工場の技術革新に邁進してきた。

すでに述べたように、Ａ社の海外進出は、Ｘ社の強い勧誘と経済的支援を受けて、2002年、Ｓ国の経済特区内に同社初の海外工場を開設したときに始まる。海外工場で国内と同様の品質保証の体制が確保することができるかどうかは、大きな挑戦であった。品質保証を担保するための自動化システムや検品ノウハウを導入したとはいえ、海外工場での品質の安定的な維持・確保は、それほど容易ではなかった。現在では、30代後半の技術畑出身で現場に精通している係長クラスの人材を工場長として派遣し現場の運営を任せている。月に一度は役員を現地に派遣し本社の意向や考え方を伝えたり、現地の技術者を日本国内で教育する機会も設けている。

もっとも、品質の安定的な維持・確保は、非正規社員の多い日本の工場でもいまだに課題である。工場内の食堂など社員が集合する場所に、管理部、業務部、品質保証部、製造部の４部門各２課の目標と達成度合いを記した情報を掲示し、部門間や従業員同士の情報共有を促すとともに、社長自らが率先して、日々、意識改革やシステム改善に取り組んでいる。

さて、どうでしょうか？　見つかりましたか？　②と③は見つかりましたよね？　まず、③が先に見つかるでしょう。問題本文の第６段落、以下の記述です。

〔第６段落〕

多くの部品メーカーが重要保安部品を内製化している中で、Ａ社が取引先から高い評価・信頼を得ているのは、徹底した品質保証体制を確立したからである。人命にかかわる重要保安部品には、いかなる不良も不具合も

あってはならず、常に製品に完璧さが求められるのはいうまでもない。A社は、長年にわたって蓄積してきたデータを活用して、気温や湿度、一回の処理工程で加工する製品の数などの条件が変化しても、ある程度まで同品質の被膜生成を可能とする自動化システムを開発した。それを活用して高精度の加工処理と短納期化を実現した。もちろん、システムが完備されているからといって、それだけで求められる品質を完全に保証することができるわけではない。品質保証を万全にし、完璧な製品を供給するためには、取引先企業の状況を考えた現場の絶えざるプロセス改善が不可欠であるだけでなく、製品の異常を発見することに対する意識の醸成やそれに即座に対処する能力を継続的に育成・確保していく体制が必要となる。

次に②に該当する箇所として、第8段落の次の記述が見つかると思います。

〔第8段落〕
すでに述べたように、A社の海外進出は、X社の強い勧誘と経済的支援を受けて、2002年、S国の経済特区内に同社初の海外工場を開設したときに始まる。海外工場で国内と同様の品質保証の体制が確保することができるかどうかは、大きな挑戦であった。品質保証を担保するための自動化システムや検品ノウハウを導入したとはいえ、海外工場での品質の安定的な維持・確保は、それほど容易ではなかった。現在では、30代後半の技術畑出身で現場に精通している係長クラスの人材を工場長として派遣し現場の運営を任せている。月に一度は役員を現地に派遣し本社の意向や考え方を伝えたり、現地の技術者を日本国内で教育する機会も設けている。

それでは、①はどうでしょう？　A社がS国への進出当初の工場長に関する記述はありませんよね？

◆ 文脈的な論理で考える

すでに説明したように、出題者は自分が用意した解答を唯一論理的に妥当なものにするために、①〜③の根拠を問題本文中に示す必要がありま

す。しかし、①については直接示す記述がありません。どういうことでしょう？

　出題者は、文脈的な論理を使って、Ｓ国への進出当初の工場長のことを読み取ることを期待しているのです。具体的に説明しましょう。

　②の根拠となっている個所をあらためて確認してみます。

<u>現在では、30代後半の技術畑出身で現場に精通している係長クラスの人材を工場長として派遣し現場の運営を任せている。</u>

　文頭の「<u>現在では</u>」に着目してください。これは、次のような文脈的な論理により、Ｓ国への進出当初のことも示している（①の根拠でもある）のです。

　　現在では、〇〇である　＝　それ以前は、〇〇ではなかった

　つまり、Ｓ国への進出当初を含む現在以前は、現場に精通した人材ではなかったということです。

　ややめんどうな内容になりますが、ここで「文脈的な」論理という表現を使っている理由について説明します。

　「文脈的な」がつかない「論理」だったらどうなるのか？　論理学に代表される論理（これを形式論理と呼ぶことにします）を適用した場合、「現在では、〇〇である」という記述は文字通り「現在のこと」しか表現していないことになります。今後のことはもちろん、現在以前のことについても何も示していないという解釈になります。

　ちょっとわかりにくいですね。極端な例を使って両者のちがいを説明します。

　30人の生徒がいる教室をイメージしてください。先生が「宿題をやってきた人は手を挙げてください」と言いました。すると、30人全員が元気よく手を挙げました。

　生徒はみんな正直だとします。このとき形式論理だと「宿題をやってきた生徒は、何人いるかわからない」という解釈になります。いったいどういうことでしょうか？　先生の指示は、「宿題をやってきた人」を対象に

しているのであって、「宿題をやってこなかった人」は対象にしていません。したがって、「宿題をやってこなかった人」は何をしてもいい。つまり、手を挙げてもいいのです。

　ですから、この先生の指示により手を挙げた生徒の中には、宿題をやってこなかった人が含まれている可能性があるので、「宿題をやってきた生徒は、何人いるかわからない」ということになります。もし、先生が宿題をやってきた生徒の数を把握したいなら「宿題をやってきた人は手を挙げてください。宿題をやってこなかった人は手を挙げないでください」と指示をしなければいけない。これが形式論理の考え方です。なんだかめんどうですね。

　一方、文脈的な論理だと、どうなるか？　こちらは、先生の「宿題をやってきた人は手を挙げてください」というセリフは「宿題をやってきた人は手を挙げてください（やってこなかった人は手を挙げない）」を意味するものだと解釈します。こちらのほうが私たちにとってなじみやすいですよね。中小企業診断士試験の論理は、後者のほうです。

もうひとこと

　第2次試験の問題はかなり難しいです。しかも複数の問題から構成されます。したがって、対策を行っていく過程で、「難しい複数の問題を処理する手順」を身につけることができます。そして、難しい問題の処理は、試験以外の場面でもそのまま生かせます。

　ものの見方を変えることができれば、人生は問題でいっぱいということではなく、機会でいっぱいということになりますが、なかなかうまくいかないこともあります。やっかいなことが次から次へと起きる。あるいは一度にいろんなことが起きる。そんなこともありますよね。

　ただ複数あるだけで、それぞれが独立しているのなら、個別に優先度を判断すればよいので、まだましです。でも、関連があるのかないのかよくわからない場合、関連している可能性があるものも含めて、優先度を考えなければ、適切な判断にならないので、やっかいです。

　たとえば、自分や家族の生活レベルを上げるために仕事に注力していたら、家事を手伝わないとか、家庭を大事にしないという理由で、奥様とトラブルが発生したとします。今後のキャリア形成のためにはじめた資格取得のための勉強も、手につかず進んでいない。おまけに体調もよくない。さらに、このところキャッシングも増えている。でも会社の業績は低下し、給料は上がらない……といった状況では、全部関係しているといえばしている。とても、どれか一つというわけにはいかない……

　こんなときはあえてほかとの関係を無視して、「処理しやすそうなものを一つ選びそれを片づけてしまう」ことが大事です。これは試験対策で身につけることができる知識であり、スキルです。特に中小企業診断士の第2次試験は、事例問題なので、実生活と同じです。一つの企業で起きていることですから、「つながり」があります。

試験を手段として使う（目標でもあるし、手段でもある）

さて、ここまでの話を整理しておきましょう。中小企業診断士の第1次、第2次試験の対策が、いろいろな知識や能力、そしてそれらの身につけ方を身につける機会になりうるということは、十分わかったと思います。まとめると以下のようになります。

- 企業経営全般に関する知識（7つの領域に分けて学習する）
- 幅広く、かつ、表面的ではないかなりの量の知識を身につける方法
  - 判断基準となる知識を身につける（一般化する）
  - ツッコミを入れる
  - 対象を絞る
  - 名称を大事にする（用語の意味を正確に調べる）
  - 説明できる状態を目指す
- 人の考えを正確に把握するための方法
  - 問いを（具体化し）変換する
  - 視覚化する
  - 文脈的な論理で考える

　試験ですから「合格を目指す」。これは自然なことです。資格試験の場合は「資格を取ったら、独立して……」といったことも当然「あり」です。というよりも、そちらのほうが一般的でしょう。それはそれでよいと思います。それが目標であっていい。ただ、それだけに限定する必要はない、ということです。

　実際に、筆者がこれまで接してきた人たちの多くが、独立など考えていませんでした。もちろん転職も。

　自分の将来に対する漠然とした不安を、なんとかするためという人（実は筆者もこれでした）が多いと思います。あるいは「現在の業務を行うために経営の知識が必要」だとか、「親が会社の経営をしていて、跡を継ぐために経営の知識が必要」といった人もいました。さらに、「なんでもいいから何か勉強したい」という人も、意外と多いです。これらの人たちは、試験を手段として利用（選択）していることになります。

このうち、最後にあげた「なんでもいいから何か勉強したい」という人にとって、試験対策は**「将来の自分」ではなく「今の自分のため」**のものです。
「いま」「今日」成長したい。それを実感したい。だからそれが目標です。そしてその手段として試験を使う。そういうことになります。

　繰り返しになりますが、試験合格は目標でもあり、手段でもあるという見方をオススメしています。合格は目標ではないのだ！　と目標に設定することを否定するつもりはありません。否定する必要はないですから。
　ただ、合格だけを目標にし、試験合格まではいろいろやりたいことを我慢して、いろいろなことを犠牲にして……という見方を採用すると、達成するまでの期間はしんどいだけですし、つまらないものになりやすいです。それはいったいどうしてか？
　将来のためにいまを犠牲にするとなると、「合格したら、いまよりそんなによい世界が待っているのか？」とか、「いまを犠牲にする価値はあるのか？」という疑問に、スッキリと答えられなければなりません。言い方を変えると、「今を犠牲にする価値がない（はっきりと認識できない）ことはやらない」、ということになるはずです。
　いまのように不確実な世の中（いま流行っている、羽振りのよい仕事や業界が、将来もよいという見込みがとても成り立ちにくい状況）において、いまの自分を犠牲にするほどの価値があるという確信を、開始する前に持てることは少ないでしょう。結果どうなるか？　最悪の場合、何もしなくなってしまう。それではつまらないですよね。
　だからこそ、試験合格を将来の目標とするだけではなく、いまの自分の目標を実現するための手段としても利用することをオススメします。

◆試験が成長するための手段に適している理由

　毎日何をすることで成長するか？　この適切な材料を見つけることはそれほど簡単ではありません。その点、試験は「使える」といえるでしょう。それは以下のような理由からです。

> - 試験日が決まっていて、あらかじめわかる
> - 出題領域がわかっている
> - 合格基準がわかっている
> - 試験対策用の教材が入手できる

　これらのことから「いつまでに、何を、どれくらい、何を使ってやればいいか、わかりやすい」という特徴があります。これがわかれば今月、今週、今日、とブレークダウンもしやすい。つまり「今日、何をして、どのような面で成長するか」設定しやすい、ということです。

　中小企業診断士試験の場合、少なくとも１年近くは継続しますので、相当な成長が期待できるはずです。そういう点でも試験対策は私たちを成長させるための材料として効果的です。しかも、かならず結果がわかりますから、目安になりますし、合格すれば資格も手に入ります。

　資格試験の合格を目標にした場合と、それを成長のための手段とした場合、達成によってそれぞれが得られることを整理すると、以下のようになるでしょう。

> ●**資格試験合格を目標とした場合**
> 　目標達成：
> 　　試験合格時（合格発表のとき、試験に合格していたときのみ）
> 　達成で得られるもの：
> 　　資格
> 　　試験に合格したという自信（望んで結果を出したという自信）
>
> ★資格取得できたことで、その先のキャリアや生活に対する変化を期待することもできるが、こちらはあくまで可能性。
>
> ●**資格試験合格を日々の成長のための手段とした場合**
> 　目標達成：
> 　　毎日（その瞬間瞬間、なんらかのかたちで成長を実感したとき）
> 　達成で得られるもの：
> 　　自分の日々の成長（ものの見方、態度、知識の習得）

望めば成長できるという自信

　もちろん、合格を目標にした場合でも、その過程において、知識や態度、ものの見方を身につけることができます。しかし、なにしろ「目標は試験合格」というかなり先の結果になりますから、過程には着目しにくくなります。さらに、勉強することは目標達成の手段となるので、どうしても手段のディテールは目標に比べ重要度が下がりますから、なかなか実感するのは難しくなるでしょう。そうすると、遠い先の（試験対策には少なくとも1年ちかい期間が必要です）、不確実な（試験対策をどんなにやったところで100％確実に合格というわけにはいきません）目標に向けて日々努力するという意識になりがちです。これが多くの受験者が、モチベーションの維持という課題を抱える、一つの要因となっています。先の見えないゴールに向かって走り続けるというのはしんどいですからね。それはそれでなんというか修行の一つにはなるのでしょうけど、目標が達成（合格）できなかったときのダメージはかなりのものになります。

　いろいろ我慢してきた数ヵ月間（あるいは数年という期間）になんの意味があったのか？　ということになりますからね。また、そうなることをキラって、何もしないということにもなりかねません。

　そこで、遠い先だけではなく、すぐ近くにも目標を設定する。いま、自分がやるかやらないか、それにより今日成長するかどうか、というわかりやすいことを目標にする。これらも目標に加えることで、「何もしなくなる」ことを避けられるでしょう。

◆交渉力を磨く機会にもなる

　試験対策を始めると、実にいろいろな自分が顔を出します。合格したい自分、勉強するのは気が進まない自分、仕事が優先という自分、今のままじゃいやだという自分、変わりたいという自分、変わるのはめんどうだという自分、たいくつなのはいやだという自分、安定しているほうがいいという自分……。

　これらの利害が異なる複数の自分（関係者）をとりまとめ、勉強をするには"交渉スキル"が必要となります。診断士の試験対策は少なくとも1

年近くかかりますから、その間に相当な交渉スキルを身につけることができます。

おわりに

　いかがでしたでしょうか？　Part 3は旅行ガイドのようなものですから、中小企業診断士という資格を、魅力あるものとしてお伝えしたつもりです。勉強することにより自分を成長させること、そのための一つの手段として資格試験もありかな、という印象を持っていただけたとすればとても幸せです。

　これは手段ですから、選択できます（旅行先を選べるのと同じです）。さらに、成長することを望むか望まないかも選択できます（そもそも旅行に行くかどうか選べるのと同じです）。**最終的には（というより最初から最後まで）みなさん自身の選択です。**

　最後に筆者がセミナー等で、よく取り上げる話を一つしておわりにしたいと思います。

　次の問いに答えてください。

次のフレーズを自分の頭の中で言ったとき、どのようなちがいがありますか？

　　ア　毎日、勉強すべきだ。
　　イ　毎日、勉強しなければならない。
　　ウ　毎日、勉強してもよい。
　　エ　私は、毎日、勉強することを選ぶ。

　どうですか？　アとイと比べて、ウとエにはちがいを感じますよね。先ほど「みなさんの選択なのだ」という話をしましたが、その重要さとそれを妨げるものについて知っていただきたくて紹介しました。

　アとイの言葉づかいは、自分を責めることにつながったり、選択している感じをなくしてしまいやすいのです。だから、「使うのをやめましょう」という提案です。

「〇〇すべきだ」

　本来やるべきことをやっていない、本来あるべき状態になっていないことが前提となります。いま、自分があるべき状態でないこと、そしてそれに対して何もしていないことを責めることになりやすい。

「〇〇しなければならない」

　したくはないけど、しないとまずいことになる。自分が決めたわけではない。自分が選んだわけではない。そのような意識になりやすい。

　これらの表現の代わりに、ウやエの表現を使うようにしてみてください。それだけで考え方、もののとらえ方がちがってきますから。

> 「〇〇してもよい」
> 「私は、〇〇することを選ぶ」

　「自分が選択した」という感覚を持つことが大事です。実際選んでいるわけですから。やることを選んでいるのは自分です。結果は100％コントロールできませんが、結果への態度を選んでいるのも自分です。

> 「中小企業診断士の勉強をしてもよい」
> 「私は、中小企業診断士の勉強をすることを選ぶ」

　となりましたか？　そうならなくても、自分のこと、自分の選択への興味が増していれば幸いです。

さいごのさいごに、もうひとこと

　ここまで読んでくださり、どうもありがとうございます。最後の最後に、成長についてもうひとこと。

　自分を成長させたい。成長したい。これは向上心といってよいと思います。本来私たち誰もが持っているはずのものです。向上心はとても大事ですよね。本書でオススメしている「うまくいかないのは成長の機会」「そ

の気になれば成長できる」というものの見方は、私たちは成長を望んでいるし、それがよいことであるということを大前提としています。

　向上心は、自己評価や自己分析を伴います。効果を上げるためには、厳しくかつ客観的に自分を分析・評価することが必要です。したがって、強い向上心はある意味自分を痛めつけます。

　自動車にはアクセルとブレーキがありますね。スピードを出そうとすれば、アクセルを強く踏み込みます。もしもそのとき、ブレーキの性能に不安があったらどうでしょう？　とてもアクセルは踏み込めませんよね。思うように減速できないわけですから。スピードを出すことはできても、減速することができない。もし、ブレーキ性能が十分ではないにもかかわらず、アクセルを踏み込めば、事故になるだけです。

　アクセルは向上心です。ではブレーキは？　それは信頼です。自分自身に対する信頼です。信頼があれば、自分がやること、それによって起きること、すべてをあるがままに受け入れることができます。信頼している自分がやったことですからね。パーフェクトだという意味ではありません。むしろ逆です。不完全である自分を受け入れる。それが全面的な信頼です。ダメなところがあろうとなかろうと、何をしてもしなくても、そんなこととはおかまいなしに、無条件で自分を信頼する。

　この、自分自身を信頼する力という性能が高ければ高いほど、安心してムチャすることができます。挑戦することができます。失敗すれば恥ずかしい体験をするかもしれない。苦しいかもしれない。まわりから非難されるかもしれない。でも、そんなこともひっくるめて吸収できる信頼性能があれば、だいじょうぶ。

　ですから、これから成長というアクセルを踏み込む前に、まずブレーキ性能の確認をしておきましょう。もし不安があれば、整備する、あるいは新品と取り替えましょう。

　ただし、どんなに高性能のブレーキがあっても、アクセルを踏まない限りはどこにも行けません。それと同じで、ゆるぎない信頼があっても、それだけではどうにもなりません。思い切ってアクセルを踏み込む。

　まず、自分自身を信頼する。無条件で。そして、成長へのアクセルを踏み込みましょう。

　どうもありがとうございました。

Memo

<著者プロフィール>
三好 隆宏（みよし・たかひろ）
TAC中小企業診断士講座 講師室統括責任者
北海道大学工学部卒
日本IBM、プライスウォーターハウス・クーパースを経て、現職。著書に、柔らかい語り口で自己変革を勧める『コーチみよしのへ〜ンシン！』（TAC出版）がある。

うまくいかない人とうまくいかない職場
見方を変えれば仕事が180度変わる！

2014年3月28日 初 版 第1刷発行

著 者	三　好　　隆　宏	
発 行 者	斎　藤　　博　明	
発 行 所	ＴＡＣ株式会社　出版事業部	
	（ＴＡＣ出版）	

〒101-8383 東京都千代田区三崎町3-2-18
　　　　　　　　　　　　　　　　西村ビル
電話　03（5276）9492（営業）
FAX　03（5276）9674
http://www.tac-school.co.jp

組 版	朝日メディアインターナショナル株式会社
印 刷	株式会社　光　邦
製 本	株式会社　常川製本

© Takahiro Miyoshi 2014　　Printed in Japan　　ISBN 978-4-8132-5688-5
落丁・乱丁本はお取り替えいたします。

本書は、「著作権法」によって、著作権等の権利が保護されている著作物です。本書の全部または一部につき、無断で転載、複写されると、著作権等の権利侵害となります。上記のような使い方をされる場合には、あらかじめ小社宛許諾を求めてください。

EYE LOVE EYE　視覚障害その他の理由で活字のままでこの本を利用できない人のために、営利を目的とする場合を除き「録音図書」「点字図書」「拡大写本」等の製作をすることを認めます。その際は著作権者、または、出版社までご連絡ください。

本書を読んで中小企業診断士への関心が高まった方へ

コーチみよしが本音で答える、中小企…

「中小企業診断士の勉強を始めたいけれど、どうしてもあと一歩を踏み出せない」

皆さんが診断士の学習を始めるにあたり気にされるポイントを、TAC…中小企業診断士講座統括責任者で、『コーチみよしのへ～ンシ…あなたが変われないのはワケがある』（TAC出版）の著者として…おなじみの"**コーチみよし**"こと三好隆宏先生がズバッと解決いたします。

略歴
三好 隆宏（コーチみよし）
TAC中小企業診断士講座統括責任者

北海道大学工学部卒業。
日本IBM、プライスウォーターハウス・クーパース（PwC）を経て、現職。

Q 中小企業診断士って、取って役に立つの？

A 資格を取得することは何かの目的を達成するための手段です。
役に立ったかどうかを実感するためには、その「何か」が明確になっていることが前提となります。

典型的な「何か」は、「**将来に対する不安を少なくする＝自分のキャリアの選択肢を増やす**」というものです。

私も中小企業診断士取得時はシステムエンジニアでした。その後、独立し、コンサルファームに行き、現在は講師をしていますから、私自身に関して言えば、答えはYESですし、「**取って良かった**」と感じている合格者を数多く知っています。

ただし、目的が自分の中でそれほど重要でない、あるいは、目的と手段の関係がはっきり認識できていない場合、取得できても効果は実感しにくいですし、そもそも合格しにくくなります。

まだまだ聴きたいこと知りたいことがたくさんあると思います。そんな中小企業診断士試験の学…

「学校に通うか、独学にするか迷っている」「もっと個別具体的に相談したい」と考えている方には「受講相談メール」にて
TAC講師陣・スタッフが、あなたの相談を承ります。

✉ 受講相談メール
sindansi1@tac-school.co.jp

※内容によっては回答までお時間をいただく場合がございます。　※学習内容に関する質問はご遠慮願います。

当ページでご紹介しているサービスは、全て無料です。ぜひご活用ください！

資格の学校 TAC

診断士Q&A

Q 難しい試験みたいだけれど、学校とかに通わないと合格は難しいの？

A まず、資格取得に限らず、自分にとってやる意義のあることをやるかやらないか決めるのは、可能性があるかないかです。意義があって可能性があるなら、「やる（合格する）」です。**合格できるかどうかのポイントは、可能性ではなく「意義」のほうです。**意義が十分納得できるものでないと、たとえ学校を利用したとしても忙しさなどいろいろな理由をつけて勉強しなくなります。もちろん、その場合は合格できません。

学校を利用するかどうか、利用するとしてどの程度利用するかは「手段」の選択になります。**その際に大事なのは効率ではなく「効果」です。**たとえ費用を安く済ませたところで、途中で投げ出したり、十分な対策を取らなくて合格できなかったなら、結局ムダなお金と時間を使ったことになります。試験に関する情報と自分のおかれている状況から、自分で納得できる手段を選択してください。

費用面での検討にあたって、ひとつアドバイスがあります。それは「1年間に自分はいくら使っているか」を考えてみることです。受講生の皆さんのお話を聞くと**「勉強を開始する前よりも金がかからない」**という声が多いです。理由は簡単で、勉強する機会が増えることで、仕事上のつきあいや遊びの機会が必然的に減りますし、ファッションや趣味などにかけるお金も減るからです。それらの金額が月に3万円だとすると、年間で軽く受講料を超えてしまいます。

でもっといろいろなことをお知りになりたい方は、下記のサービス（無料）をお気軽にご利用ください！

「TACについて詳しく知りたい」
「TACと他の学校と比較したい」と考えている方には
パンフレットをお送りします。

http://www.tac-school.co.jp ▶▶▶ TAC 検索

フリーダイヤル **0120-509-117** ゴウカク イイナ

受付時間　月～金／9:30～19:00
携帯・PHS OK　土・日・祝／9:30～18:00

中小企業診断士講座のご案内

現役の中小企業診断士が"熱く"語る！
ガイダンス＆個別相談コーナー

予約不要！ 参加無料！

試験制度や学習方法、資格の魅力等について、現役の中小企業診断士が語ります。予約不要、参加無料です。直接会場にお越しください。

ガイダンス終了後には、学習を始めるにあたっての疑問や不安を、講師や合格者等に質問できる「個別相談コーナー」も開催します。

≫ガイダンス日程・第1回目の講義日程は、TAC中小企業診断士講座パンフレット・日程表またはホームページにてご確認ください。

▶▶▶ | TAC 診断士 ガイダンス | 検索

TACの講義を体感！
無料体験入学制度

体験無料！

TACではお申込み前に講義を無料で体験受講いただけます。
講義の雰囲気や講師・教材をじっくり体験してからお申込みください！

教室で体験

予約不要です。
各コースの第1回目の講義の開始前に受付窓口にお越しください。

個別DVDで体験

TACのDVDブースで第1回目の講義を受講できます。ご都合の良い日時を下記よりご予約ください。

03-5276-8988

受付時間　月〜金／9:30〜19:00　土・日・祝／9:30〜18:00

ネットで体験

TACホームページ内の「TAC動画チャンネル」より体験講義のご視聴が可能です。

▶▶▶ | TAC 診断士 動画チャンネル | 検索

DVDで体験

「体験講義DVD」を下記よりご請求ください。

フリーダイヤル **0120-509-117**（ゴウカク イイナ）
携帯・PHS OK

受付時間　月〜金／9:30〜19:00　土・日・祝／9:30〜18:00

当ページでご紹介しているサービスは、全て無料です。ぜひご活用ください!

資格の学校 TAC

各種セミナー・体験講義を見たい!
TAC動画チャンネル
視聴無料!

資格の概要や試験制度・TACのカリキュラムをお話する「講座説明会」、実務の世界や戦略的な学習方法をお話する「セミナー」等、多様なジャンルの動画を無料でご覧いただけます!

▶▶▶ TAC 診断士 動画チャンネル [検索]

入門テキスト読者にオススメの動画!

テーマ別セミナー

診断士の魅力や、効率的・効果的な学習方法等を紹介します。
ご自身の学習計画の参考として、ぜひご覧ください!

主なテーマ例
- □ 企業内診断士の活躍
- □ 会社員から独立開業する方法
- □ 働きながら診断士試験に合格する方法 等

合格サポート定期便

試験合格を目指す皆様とのコミュニケーション番組です。合格に役立つ情報や、受験生からの悩み相談等、双方向の情報発信を行います!

主なテーマ例
- □ 1次試験対策Q&A
- □ 試験に向けての意気込み!
- □ 本試験出題予想! 等

中小企業診断士講座のご案内

TAC中小企業診断士講座のコース
効率的に合格を目指す!

効率的に1・2次ストレート合格に導く3本の柱

質の高いカリキュラム・講師・教材で構成されるTACのコースを受講することで、効率的に1・2次ストレート合格を狙えます。

三位一体であなたを合格へ導きます。

戦略的カリキュラム
INPUT&OUTPUTの連動・繰返し学習が効果的!
ムリ・ムダを省いた必要十分な学習量!

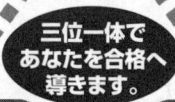

オリジナル教材
試験傾向・法改正に合わせて毎年改訂!
演習問題・添削指導も充実!

プロフェッショナル講師陣
厳しい審査で選び抜かれたプロ集団!
重要ポイントに絞りこんだ講義!

ライフスタイルに合わせて選べる学習メディア

TACでは、無理なく学習を継続していただけるよう、ご自身のライフスタイルに合わせて通学・通信の各種メディアをお選びいただけます。

通学スタイル
全国にあるTAC各校に通って学習していただきます。

- 教室講座
- 個別DVD講座

通信スタイル
自宅や外出先でTACの講義が受講できます。

- Web通信講座
- DVD通信講座

より詳しく知りたい方はパンフレットをご請求ください!

資格の学校 TAC

TACのコースを詳しく知りたい！
資料請求 無料送付！

診断士の魅力や試験制度、TACのコース等、情報満載のパンフレットをお届けします。
パンフレットは、下記よりご請求いただけます！

≫お問い合わせ・パンフレットのご請求はこちらから

フリーダイヤル 0120-509-117（ゴウカク イイナ）
携帯・PHS OK
受付時間 月～金／9:30～19:00 土・日・祝／9:30～18:00

≫携帯電話からのご請求
http://m.tac-school.co.jp/
バーコード対応機種で読み取ってアクセスしてください。

≫TACホームページからのご請求
▶▶▶ TAC 検索

パンフレットの内容例
- ☐ 合格祝賀会風景
- ☐ 中小企業診断士の魅力
- ☐ 合格者・実務家インタビュー
- ☐ 試験ガイド
- ☐ 戦略的カリキュラム・講師・教材
- ☐ 学習メディア・フォロー制度
- ☐ 開講コース・受講料
- ☐ 中小企業診断士Q&A
- ☐ 無料体験入学日程一覧
- ☐ ガイダンス日程一覧

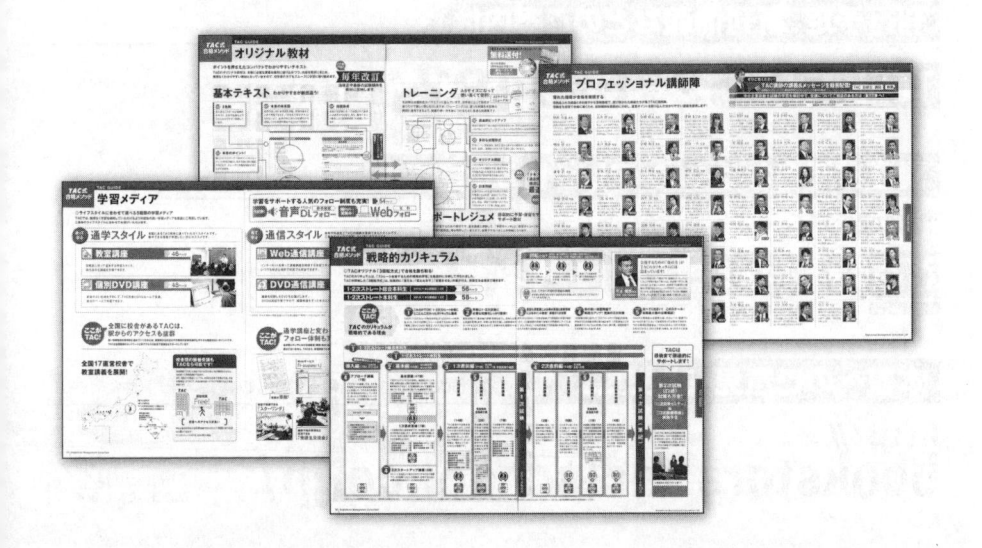

TAC出版 書籍のご案内

TAC出版では、資格の学校TAC各講座の定評ある執筆陣による資格試験の参考書をはじめ、資格取得者の開業法や仕事術、実務書、ビジネス書、一般書などを発行しています!

TAC出版の書籍

資格試験の参考書
- 日商簿記
- 建設業経理検定
- 全経上級
- 公認会計士
- 税理士
- 中小企業診断士
- 不動産鑑定士
- 宅地建物取引主任者
- マンション管理士
- 管理業務主任者
- 証券アナリスト
- FP技能士
- 社会保険労務士
- 行政書士
- 公務員 地方上級・国家一般職(大卒程度)
- 公務員 地方初級・国家一般職(高卒程度)
- 情報処理技術者(高度試験)
- Microsoft Office Specialist
- CompTIA

ほか

実務書、ビジネス書、一般書
- 資格取得者の開業法、仕事術、営業術
- 会計実務、税法、税務、経理、総務、労務、人事
- ビジネススキル、マナー、就職、自己啓発、エッセイ

ほか

刊行予定、新刊情報などのご案内は

TEL 03-5276-9492 [平日 9:30~17:30]

講座お問合わせ・パンフレットのご請求は

資格の学校TAC
0120-509-117 (ゴウカク イイナ) [月~金9:30~19:00 / 土日祝9:30~18:00]
携帯・PHS OK ※携帯・自動車電話・PHSからもご利用になれます。

本書へのご意見・ご感想は Cyber Book Store内の「お問合わせ」よりおよせください。

http://bookstore.tac-school.co.jp/

[トップページにございます 「お問合わせ」より ご送信いただけます]

TAC出版

書籍のご購入は

1 全国の書店、大学生協、ネット書店で

2 TAC各校書籍コーナーで

TAC校舎一覧

- 札幌校 ☎011(242)4477(代)
- 仙台校 ☎022(266)7222(代)
- 水道橋校 ☎03(5276)0271(代)
- 新宿校 ☎03(5322)1040(代)
- 早稲田校 ☎03(5287)4940(代)
- 池袋校 ☎03(5992)2850(代)
- 渋谷校 ☎03(3462)0901(代)
- 八重洲校 ☎03(6228)8501(代)

- 立川校 ☎042(528)8898(代)
- 中大駅前校 ☎042(678)7210(代)
- 町田校 ☎042(721)2202(代)
- 横浜校 ☎045(451)6420(代)
- 日吉校 ☎045(560)6166(代)
- 大宮校 ☎048(644)0676(代)
- 津田沼校 ☎047(470)1831(代)
- 名古屋校 ☎052(586)3191(代)

- 京都校 ☎075(351)1122(代)
- 梅田校 ☎06(6371)5781(代)
- なんば校 ☎06(6211)1422(代)
- 神戸校 ☎078(241)4895(代)
- 広島校 ☎082(224)3355(代)
- 福岡校 ☎092(724)6161(代)

提携校

- 宇都宮校(国際情報ビジネス専門学校内) ☎028(600)4855(代)
- 群馬校(中央カレッジグループ内) ☎027(253)5583(代)
- 松本校(松本情報工科専門学校内) ☎0263(50)9511(代)
- 富山校(富山情報ビジネス専門学校内) ☎0766(55)5513(代)
- 金沢校(エルアンドエルシステム北陸内) ☎076(245)7605(代)

- 岡山校(穴吹カレッジサービス) ☎086(236)0225(代)
- 福山校(穴吹カレッジキャリアアップスクール) ☎084(991)0250(代)
- 高松校(穴吹カレッジキャリアアップスクール) ☎087(822)3313(代)
- 徳島校(穴吹カレッジキャリアアップスクール) ☎088(653)3588(代)
- 小倉校 ☎093(953)7516(代)

- 大分校(府内学園内) ☎097(546)4777(代)
- 熊本校(税理士法人 東京会計グループ) ☎096(323)3622(代)
- 宮崎校(宮崎ビジネス公務員専門学校内) ☎0985(22)6881(代)
- 鹿児島校(鹿児島情報ビジネス専門学校内) ☎099(239)9523(代)
- 沖縄校
  - ●那覇校舎 ☎098(864)2670(代)
  - ●中部校舎 ☎098(938)2074(代)

3 TAC出版書籍販売サイト Cyber Book Store で

http://bookstore.tac-school.co.jp/

サイバーブックストア 「TAC出版」で検索

- TAC書籍のラインナップを全て掲載
- 「ちょっと見!(体験コーナー)」で、書籍の内容をチェック
- 会員登録をすれば特典満載!
  - ・登録費や年間費など一切不要
  - ・会員限定のキャンペーンあり
  - ・2,000円以上購入の場合、送料サービス
- 刊行予定や法改正レジュメなど役立つ情報を発信

4 お電話で

TAC出版注文専用ダイヤル 0120-67-9625 [平日 9:30~17:30]

※携帯・自動車電話・PHSからもご利用になれます。

TACホームページ URL http://www.tac-school.co.jp/

(2013年10月現在)

中小企業診断士試験 （第1次試験・第2次試験）

TAC出版では、中小企業診断士試験（第1次試験・第2次試験）にスピード合格を目指される方のために、科目別・用途別の書籍を刊行しております。資格の学校TAC中小企業診断士講座とTAC出版が強力なタッグを組んで完成させた、自信作です。ぜひご活用いただき、スピード合格を目指してください。

※刊行内容・刊行月・装丁等は変更になる場合がございます。

基礎知識を固める

スピードテキスト A5判
9月～1月刊行

科目別 全7巻
①企業経営理論
②財務・会計
③運営管理
④経営情報システム
⑤経営法務
⑥経済学・経済政策
⑦中小企業経営・中小企業政策

● TAC中小企業診断士講座で使用されている「基本テキスト」と同内容の書籍です。試験に合格するために必要な知識のみを集約しているので、初めて学習する方はもちろん、学習経験者も安心して使える基本書です。

スピード問題集 A5判
9月～1月刊行

科目別 全7巻
①企業経営理論
②財務・会計
③運営管理
④経営情報システム
⑤経営法務
⑥経済学・経済政策
⑦中小企業経営・中小企業政策

● 『スピードテキスト』に完全準拠したトレーニング用問題集です。科目別学習に対応したオリジナル問題集としてテキストと反復学習していただくことで学習効果を飛躍的に向上させることができます。

要点整理と弱点補強

ポケットテキスト B6変形判
1月刊行

全2巻
1日目
経済学・経済政策、財務・会計、企業経営理論、運営管理
2日目
経営法務、経営情報システム、中小企業経営・中小企業政策

● 第1次試験の日程と同じ科目構成の「要点まとめテキスト」です。コンパクトサイズで、いつでもどこでも手軽に確認できます。買ったその日から本試験当日の会場まで、フル活用してください！

集中特訓 財務・会計 計算問題集 第5版 B5判

好評発売中

● 財務・会計を苦手とする受験生の「計算力」を飛躍的に向上することを目的として、第1次試験の基礎的なレベルから、第2次試験の応用レベルまでを広くカバーした良問を厳選して収録しました。集中特訓で苦手科目脱却を図りましょう。

受験対策書籍のご案内　*TAC出版*

1次試験への総仕上げ

第1次試験過去問題集 A5判
11月刊行

● 過去問は本試験攻略の上で、絶対に欠かせないトレーニングです。5年分の本試験問題を科目別にまとめた本書は、丁寧な解説つきで、理解もぐんぐん進みます。最高の良問に取り組んで、合格をたぐりよせましょう。

科目別全7巻

① 企業経営理論
② 財務・会計
③ 運営管理
④ 経営情報システム
⑤ 経営法務
⑥ 経済学・経済政策
⑦ 中小企業経営・中小企業政策

2次試験への総仕上げ

第2次試験 過去問題集
B5判　1月刊行

● 過去問(本試験問題)は本試験攻略の上で、絶対に欠かせないトレーニングです。過去5年分の本試験問題を事例ごとにまとめた本書は、丁寧な解説つきで、理解もぐんぐん進みます。最高の良問である過去問に取り組んで、合格をたぐりよせましょう。

集中特訓 診断士 第2次試験
B5判

● 合格点を取るための「解き方の手順」が身につく1冊。「参考答案」や「振り返りシート」で、短期間で自分のやり方を確立しましょう。『第2次試験過去問題集』とあわせて使えばさらに実力アップ!

好評発売中

まずは資格を知りたいという方には

好評発売中

入門テキスト A5判

● 経営戦略、マーケティング、経営分析など、診断士1次試験7科目の代表的な論点を収載した入門向けテキストです。現役診断士の日常をマンガやインタビュー形式で掲載するとともに、試験内容についても解説しています。

TACの書籍はこちらの方法でご購入いただけます

1 全国の書店・大学生協
2 TAC各校 書籍コーナー
3 弊社直接のお申し込み（電話にてお受けいたします）
　　☎ 0120-67-9625（9:30～17:30 平日）
4 インターネット　TAC出版書籍販売サイト **Cyber Book Store**
　アドレス http://bookstore.tac-school.co.jp/

・平成25年8月現在　・年度版各巻の価格は、決定しだい上記**4**のサイバーブックストアに掲載されますのでご参照ください

TAC出版 書籍のご案内

TAC出版では、資格の学校TAC各講座の定評ある執筆陣による資格試験の参考書をはじめ、資格取得者の開業法や仕事術、実務書、ビジネス書、一般書などを発行しています!

TAC出版の書籍

資格試験の参考書
- 日商簿記
- 建設業経理検定
- 全経上級
- 公認会計士
- 税理士
- 中小企業診断士
- 不動産鑑定士
- 宅地建物取引主任者
- マンション管理士
- 管理業務主任者
- 証券アナリスト
- FP技能士
- 社会保険労務士
- 行政書士
- 公務員 地方上級・国家一般職(大卒程度)
- 公務員 地方初級・国家一般職(高卒程度)
- 情報処理技術者
- Microsoft Office Specialist
- CompTIA

ほか

実務書
- 資格取得者の開業法、仕事術、営業術
- 会計実務、税法、税務、経理、総務、労務、人事

ほか

ビジネス書・一般書
- 経営者、および起業を目指す人向けの本
- 一般ビジネスマン対象の、ビジネス読み物、ビジネスノウハウ
- 一般の方対象の年金、株、不動産などの実用書

ほか

ラインナップ、ご購入ほか

TAC出版書籍販売サイト
Cyber Book Store
http://bookstore.tac-school.co.jp/

- TAC書籍のラインナップを全て掲載
- 「ちょっと見!(体験コーナー)」で、書籍の内容をチェック
- 会員登録をすれば特典満載!
  - 登録費や年間費など一切不要
  - 会員限定のキャンペーンあり
  - 2,000円以上購入の場合、送料サービス
- 刊行予定や法改正レジュメなど役立つ情報を発信

TAC出版

ご購入は、全国書店、大学生協、TAC各校書籍コーナー、
TACの販売サイト「サイバーブックストア」(http://bookstore.tac-school.co.jp/)、
TAC出版注文専用ダイヤル ☎0120-67-9324 平日9:30〜17:30)まで

お問合せ、ご意見・ご感想は下記まで
郵送:〒101-8383 東京都千代田区三崎町3-2-18
TAC株式会社出版事業部
FAX:03-5276-9674
インターネット:左記「サイバーブックストア」

(平成23年11月現在)